나를 이기는 힘

동기부여에 대한 새로운 생각

나를 이기는 힘

고유봉 지음

프롤로그

언젠가 나는 번민의 수렁에서 헤어나오질 못하고 있었다. 평소 건강하다고 생각했었는데, 군대에서 그만 국군통합병원에 입원하는 신세가 됐기 때문이다. 몸이 채 낫기도 전에 만기 전역하여 집으로 돌아올 수밖에 없었다. 가난했기 때문에 '이 아들 녀석만큼은' 하고 믿었던 부모님께 정말 죄송했다.

그 무렵 대학 은사님으로부터 다음과 같은 질문을 받았다.

"너의 꿈은 무엇이냐? 지금 이대로 묻혀 버린다면 너의 인생은 어떻게 되겠냐? 너는 먼 훗날 어떤 사람으로 기억되고 싶냐? 너의 열정은 다 어디로 갔냐?" 더불어 "너무 괴로워 마라. 너는 할 수 있다. 다시 일어나라. 그리고 도전하라"라고 하셨다. 나는 정신이 번쩍 들었다.

이제 생각해보니 은사님은 나에게 코칭을 하고 계셨다. 나는 코칭이라는 단어를 1999년도에 처음 접했다. 미국의 스타스 에지 인터내셔널에서 하는 아봐타avatar 마스터 과정을 밟을 때였다. 이 과정은 요즘 화두가 되고 있는 힐링 프로그램 바로 그 자체였다. 이것은 자아를 인식하고 확대해가면서 '나를 찾고 어떻게 살 것인가'를 알아가는 과정이라고 할 수 있다.

오랫동안 대학 강단에서 강의를 했다. 나의 전공지식을 학생들에게 전수하는 것이 대부분이었다. 물론 학생들의 인성을 함양시켜야 된다고 생각하여 간간이 전공 이외의 것도 이야기를 했지만 체계적으로 무엇을 말했는지 별로 기억나는 게 없다. 그러다가 요즘은 강의 시간에 잠깐씩 코칭 관련 내용을 이야기하고 실습도 해보도록 한다. 결과는 놀라울 정도이다. 반응과 효과가 대단하다. 무엇보다도 부모와 형제와 친구들과의 소통이 아주 잘된다는 것이다.

오늘날 우리 주변 사회는 꽉 막힌 느낌이다. 정부와 국민 사이에, 부모와 자식 간에, 선생과 학생 사이에, 상사와 부하 간에, 회사 측과 노조 사이 등에서 원활하게 돌아가는 곳은 손가락으로 꼽을 정도이다. 서로 대화가 안 되고, 소통이 안되고 있다. 내가 아니면 안되고, 내 생각만이 최고이고, 내가 너보다 경험이 많고 잘 알고 있으니 토를 달지 말라고 한다. 그러니 막힐 수 밖에 없다. 그렇다면 막힌 것을 뚫어 밝고 시원한 세상을 만들 수 있는 방법은 없을까? '코칭 기법'이 최고의 방법이라고 자신 있게 추천할 수 있다.

최근에 나는 개인코칭 못지않게 코칭과 리더십 관련 강연, 그리고 교육을 많이 한다. 대학에서 '대학생을 위한 특별프로그램'과 국가가 지향하는 평생교육진흥 차원에서 '사회 성인들을 위한 특별프로그램'을 주로 맡고 있다. 그리고 일반사회 또는 기관 단체뿐만 아니라 상담분야 선생님들을 대상으로도 진행한다. 한두 시간의 짧은 강연만이 아니라 수십 시간의 정규 커리큘럼으로 강의하는 편이 훨씬 많다고 할 수 있다.

개인 코칭과 수강생(학생과 사회성인 등)들 중에는 코칭 시간에 그리고 강의와 실습시간 중에 눈시울을 적시며 말을 잊지 못하기도 한다. 요즘은 새로 태어난 기분이라고들 한다. 뿌듯해서 마음이 가볍다고도 한다. 조금 더 일찍 이러한 것을 터득하지 못한 게 한스럽단다. 삶이 즐겁고 새로워졌다는 이야기들이 대부분이다. 마치 자기 자신에게 기적이 일어난 것 같다고 하면서 내면의 소리를 들려주기도 한다.

코칭은 뜬구름 잡는 이야기가 아니다. 코칭은 실천적 삶의 방식을 열어가도록 한다. 코칭은 깊은 사유를 통해 자기 자신을 발견하고 실행함으로써 성공적인 삶을 살 수 있도록 도와주는 새로운 전문분야이다.

개인 또는 그룹코칭 시 들려오는 공통된 주문이 있다. 내가 강연이나 교육 등을 맡은 곳에서 수업 내용을 총체적으로 엮은 기본 참고서가 있으면 좋겠다는 것이다. 그래서 많이 부족한 나이지만 용기를 내서 책을 내기로 했다. 책에 모자라고 보충해야 할 부분이 많이 있다고 본다. 그러한 것은 차츰 개정해 나가기로 하겠다.

이 책은 코칭이 무엇인지 알고 싶어 하는 분, 코칭기법을 살려서 조직을 이끌고 싶으신 분, 리더로서 어떻게 하는 게 좋은지 알고 싶어 하는 분, 부부 간에 소통이 잘되길 원하는 분, 자녀와 원만하게 소통하고 싶은 분, 교육 현장에서 일하시는 분 그리고 코칭리더십 관련 강의를 하고 싶은 분들께 도움이 되었으면 좋겠다.

이 책이 나올 수 있었던 것은 한국리더십센터와 한국코칭센터의 도움이 컸다. 또 무엇보다도 제민일보에 매주 1회씩 〈소통과 대화의 코칭리더십〉이라는 주제로 1년 이상 연재하게 된 것이 계기가 되었다. 이 자리를 빌려 관계자 모든 분들께 깊은 감사를 드린다.

-고유봉

목차

프롤로그 · 4

가능성을 최고치로 끌어내라

1. 행동의 변화를 만들다 · 13
2. 당신이 답이다 · 22
3. 코칭 vs 컨설팅 vs 카운슬링 · 30
4. 코칭리더십이란? · 35

질문의 숨겨진 힘

1. 질문을 하면 · 41
2. 왜 질문을 못하나? · 48
3. 항우와 유방의 싸움 · 52
4. 즉답질문과 생각질문 · 55
5. 질문은 긍정과 미래형으로 · 59
6. 주의해야 할 Why 질문 · 62
7. 좋은 질문 5원칙 · 65
8. 질문 시 바람직한 보디랭귀지 · 68
9. 다양한 질문법 · 71

CHAPTER 03 상대의 가슴을 뛰게 하라
―행동유형별 솔루션

1. 계획이 실천으로 연결되게 하라 • 81
2. 파도(PARDO+F)모델 • 86
3. DISC 진단 • 100
4. 주도형의 특성과 코칭 • 105
5. 사교형의 특성과 코칭 • 108
6. 안정형의 특성과 코칭 • 111
7. 신중형의 특성과 코칭 • 114

CHAPTER 04 소통의 리더십

1. 경청의 기적 • 121
2. 칭찬의 기적 • 135
3. 히딩크의 리더십 • 150
4. 갈등과 위기 다루기 • 153
5. 정제되고 유연한 언어를 • 160
6. 장점과 상상력 키우기 • 164
7. 다양성과 변화의 수용 • 170
8. 임파워링과 열정 • 177

05 CHAPTER 스스로 변하게 하라
—조직과 임원

1. 왜 조직과 기업에 코칭인가 · **185**
2. 코칭은 조직과 기업에 어떻게 이용되고 있나? · **188**
3. 삶의 균형을 찾다 · **193**
4. 회사 충성도와 만족도를 높이는 법 · **196**

06 CHAPTER 스스로 생각하고 움직이게 하라
—팀과 리더

1. 팀이란 무엇인가 · **201**
2. 코치와 팀 리더의 역할 · **204**
3. 팀 빌딩과 그라운드 룰 · **211**
4. 쌍방향 커뮤니케이션 · **216**
5. 브레인스토밍 하라 · **220**

참고문헌 · **223**

가능성을 최고치로 끌어내라

chapter 1

가능성을
최고치로
끌어내라

1
행동의
변화를 만들다

　　인간은 태고 적부터 많은 것을 배우고 경험해 오는 것을 바탕으로 세상을 발전시켜 왔다. 그런데 세상이 너무 급격히 변하고 발전하다 보니 쫓아가기가 힘들어졌다. 먹고사는 것은 전보다 나은 것 같은데 삶에 여유가 없다. 매일매일 쏟아져 나오는 엄청난 정보와 기술의 발전으로 숨이 막힐 지경이다. 개인뿐만 아니라 조직에서도 벅차기는 마찬가지이다.

　무엇을 어떻게 해야 할지 자신이 없다. 대화의 상대도 점점 줄어드는 느낌이다. 외롭고 쓸쓸하다. 새롭게 태어난 SNS(소셜 네트워크 서비스) 등이 있어서 위안이 되는 것 같은데 현실은 그렇지도 못하다. 내가 안고 있는 현실적인 문제를 풀어야 앞으로 나갈 수 있을 터인데 좀처럼 생각이 나질 않는다. 주변에 나를 도와줄 사람이 많은 것 같은데 이 부분 역시 마뜩치 않다.

얼마 전 신문을 보니 미국의 한 10대 소녀가 한 달에 무려 3000통의 메시지를 보냈다고 한다. 계산해 보니 잠자는 시간을 빼면 10분에 한 통씩 보냈다는 계산이 나온다. 꿈 많은 10대 소녀라면 할 일이 널려 있을 터인데 과연 그것이 잘하는 일일까 하고 의문을 던져본다.

인생문제에 관한 한 정답이 없다. 정답이 있는 것 같지만 그 정답은 끊임없이 변한다. 그래서인지 꿋꿋이 살다가도 방황하여 초점을 잃고 실의에 빠질 때가 한두 번이 아니다. 어떻게 해야 할지 갈피를 못 잡는다.

이런 상황에서 코칭이라는 새로운 전문 분야가 태동하게 되었다. 코칭과 코치에 대한 정의는 여러 가지로 표현될 수 있으나 여기에서는 다음과 같이 나타냈다. 즉, '나(또는 조직)의 문제는 다른 사람이 아닌 바로 내(조직)가 답을 갖고 있고, 그것을 풀어내는 잠재능력 또한 나(조직)에게 있으므로, 그 능력을 끌어내게 하는 프로세스가 바로 코칭'이다. 코치는 '그 프로세스를 수행하는 사람'을 말한다고.

코치는 당신의 진정한 변화를 위해 스스로 자신을 발견할 수 있도록 도와주는 사람이다. 코치는 상대방에게 답을 주지 않는다. 자신이 찾을 수 있게 길잡이 역할을 한다. 스스로 목표와 방법을 구체적으로 정하고, 목표를 추구하는 삶을 살 수 있도록 지원한다.

코칭은 현재 상태에서 원하는 상태로 인도해 주는 리더십기법이다. 이제는 전통적 리더십만으로는 통하지 않는다. 사회화된 리더십, 서번트 리더십,

민주적 리더십, 상향식 리더십 등으로 바꿔져야 한다. 지금까지는 모든 것이 지시에 따라 움직여도 됐지만 앞으로는 스스로 찾아서 변혁적으로 일해 나가는 조직문화로 바꿔놓아야 한다. 여기에 새로운 코칭스킬이 활용되는 것이다.

이제 코칭은 '좋다, 싫다'의 차원이 아니다. 그따위 것은 없어도 된다고 해도 괜찮다. 그러나 변화와 스피드가 요구되는 이 시대에 코칭을 도입하지 않으면 안되는 시점에 와 있다. 내가, 조직이 그리고 기업이 살아가고 살아남는 데에 코칭스킬을 활용 하느냐 안 하느냐의 차이는 엄청나기 때문이다.

코칭은 사람에 대한 것을 기본 축으로 한다. 그러나 자신을 포함한 인간개발과 활용의 영역뿐만 아니라 어떻게 목적을 달성할 수 있을까 하는 과업(일, task) 또는 문제의 축과도 함께 간다. 즉 사람 그리고 사람과 관계된 과업(일)도 병행하여 코칭함으로써 개인적으로는 충만한 삶을, 조직과 기업으로서는 바람직한 목표달성을 할 수 있도록 도와주는 새로운 전문분야이다.

▼
코칭의 역사

코칭이라는 것이 명확하게 언제부터 있었는가에 대해서는 명확하지 않다. 그것은 우리가 살아오면서 오늘날 코칭의 한 방법이라고 할 수 있는 단편적인 것들이 여기저기서 나타나고 있었기 때문이다. 다만 코치의 어원에 대해서는 전해지고 있다.

코치는 본래 마차나 철도의 객차 등에 쓰이는 단어로서(정진우, 2005) 사람을 실어 나르는 개썰매에서 유래되었다고 한다. 지금의 유고슬라비아 아드리안 해에 달마티아라는 나라가 있었는데, 이곳에서 마차를 끌고 있는 개들을 코치견이라고 불렀다. 헝가리의 콕스Kocs라는 도시에서 여러 사람을 태우는 마차를 만들었다. 4마리의 말이 끄는 이 마차가(최효진, 2006) 유럽 전체로 퍼져서 콕시Kocsi 혹은 콕지Kotdzi라고 불렀고, 영국에서는 이것을 영어로 코치Coach라고 했다.

한편 1840년대에 영국에서는 개인 지도교사Tutor의 별명으로 코치Coach라는 단어를 사용했다. 이것은 승객이 마차를 타고 목적지에 가듯이 학생이 지도교사의 지도로 목적지에 도달하게 한다는 뜻이었다. 1880년대에는 운동선수를 훈련시키는 사람을 스포츠 코치라고 불렀다.

1980년대 초 미국의 시애틀에서 재무 설계사로 활약하는 토마스 레오나드Thomas J. Leonad라는 사람이 있었다. 어느 날 그는 고객들과의 대화에서 그들이 인생에서 무엇을 원하고, 언제 할 것인지 등 오늘날의 코치 역할을 자신이 하고 있음을 깨닫게 되었다. 수년 후 레오나드는 재무설계사 직업을 그만두고 풀타임 인생 설계사Life planner가 되었다. 언젠가 그의 고객 중 한 명이 그의 직업을 '코칭'으로 부를 것을 제안했다. 그는 1992년 초, 전문교육기관인 코치 유Coach U를 설립하고 코치운동을 일으킨 여러 사람들과 함께 1994년 국제코치연맹ICF, International Coach Federation을 만들었다. 이 무렵을 전후하여 오늘날의 비즈니스 코치가 활성화되면서 코칭의 중요성이 대두되었다. 그러므로 본격적인 코칭이 시작된 것은 미국에서 1990년대 초반 들어서부터라고 할 수 있다. 일본은 거품경제가 일어나기 시작한 1990년대 후반부터(이토 등, 2010) 우리나라에는 2000년대 들어 2001년 한국코칭센터가 출범하면서 코칭시스템이 도입되었다(한국코칭센터, 2010).

따라서 코칭이라는 것은 어느 유명한 학자 한 사람이 만들어낸 이론이나 방법이 아니다. 개인적으로 또는 기업에서는 종래부터 사람의 능력을 끌어낼 수 있는 '네이티브 코치'라고 부를 수 있는 사람들이 존재했던 것이 사실이다. 그들의 훌륭한 단편적인 사례들을 모아 무엇을 어떻게 했는지에 대해 관찰하고 잘되고 있는 패턴들을 코드화해서 집적한 것이 바로 코칭의 시작이다. 코칭은 여기에 머무르지 않고 끊임없이 새롭고 효율적인 방법을 추구하고 있다.

코칭은 당초 '그 사람의 인생을 어떻게 설계할 것인가?'라는 쪽에 초점을 맞춘 개인적 라이프 코칭이 많았으나, 점차 기업용 비즈니스코치와 협력 코치 등이 대두되었다. 여기에는 기업의 목적과 개인의 가치관을 포함하는 다양한 이슈가 나타나므로 더욱더 복잡한 양상을 띠고 있다.

코칭은 미국이라는 서구문화에서 태동되었다. 그러므로 우리에게는 맞지 않을 것이라고 지레 짐작할 수도 있다. 그러나 코칭은 오히려 우리에게 어울리는 스킬이라고 생각된다. 미국인은 천성적으로 자신의 생각이나 주장을 확실히 때로는 거침없이 피력하는 게 일반적이다. 반면에 우리는 말할 기회가 주어져도 잘 표현하지 않는 경향이 있다. 대중에 휩쓸려 가는 편이 많다고 할까.

코칭은 질문을 통해 당사자의 생각을 말하게 한다. 이를테면,

"너는 이 부분에 대해 무엇을 할 수 있나?"

"네가 하고 싶은 것은 무엇이냐?"

이처럼 이쪽이 질문을 던져주면 저쪽에서 말하고 움직이도록 한다. 그러므로 자신의 의견이나 생각을 적극적으로 표현하게 하는 측면에서도 코칭은 우리에게 필요한 소통과 대화의 기법이다.

▼
왜 코칭이 필요한가?

코칭은 상대방이 설정한 목표달성을 위해 경청하고 칭찬하며 질문을 통해 대화하는 단순한 방식의 행위가 아니다. 코칭의 궁극적 목적은 자기 계발을 통한 행동의 변혁이다.

아무리 생각이 좋아도 그것을 실행으로 옮기지 않으면 무용지물이 된다. 우리는 수많은 정보와 빠른 기술의 발전 그리고 불투명한 미래를 바라보면서 갈피를 못 잡아 마음의 방황을 경험하게 된다. 불현듯 떠오르는 기발한 아이디어가 설령 있다고 해도 과연 내가 할 수 있는 일인가 하고 머뭇거리는 사이 기회는 지나가버리고 만다.

성장을 계속해나가기 위해서는 변화에 대응해야 한다. 변화는 조직 전

체로도 필요하지만 개개인 역시 조직과 한 방향이 되어 바꿔나가지 않으면 안 된다. 개인과 조직이 한 방향 정렬이 되어 새로운 행동으로 나갈 때만이 성장은 이뤄진다. 리더는 조직을 이끌고 성장시켜 나가야 하는 사명을 안고 있다. 성장은 코칭이라는 새로운 스킬을 적용시킬 때 쉽게 이뤄진다.

그러나 이러한 것이 하루아침에 이뤄지는 게 아니다. 잘나가는 정치인, 경영인 혹은 개인 어느 누구도 변혁을 이야기하지 않는 사람은 없다. 그들은 뒤질세라 누구보다도 먼저 변화와 변혁 그리고 도전을 입에 올린다. 그것은 전략일 수도 있고, 실제일 수도 있으나 정작은 자신과는 거리가 먼 것으로 생각하는 경우는 없을까.

우리는 새해 첫날이 되면 누구나 적어도 한두 가지는 무엇을 새롭게 하거나 이루겠다고 결심한다. 그런데 얼마 못 가 언제 그런 것이 있었냐는 듯 잊어버리고 산다. 작심삼일이 발동하여 자신도 모르게 안주를 택하는 것이다. 그러는 사이 어느덧 일년이 쏜살같이 지나가버린다. 그 만큼 자기 계발을 위한 행동의 변화를 이끌어 내는 것은 쉽지 않다는 것이다. 여기에 코칭의 필요성이 있다.

개인이나 조직의 성장에 가장 중요한 요소 중 또 다른 하나는 커뮤니케이션이다. 오늘날 우리 사회의 최대 화두도 바로 이 커뮤니케이션이다. 커뮤니케이션은 선천적으로 뛰어난 사람도 있지만 그렇지 못한 사람이 훨씬 많다. 커뮤니케이션은 훈련으로 얼마든지 개발될 수 있다.

그런데 원활한 커뮤니케이션이 중요하다는 것은 알면서도 발전을 위한 변화에는 대체로 무관심하다. 특히 어느 정도의 위치까지 올라간 사람은 '이미 나는 훌륭한 리더십을 갖고 있어서 여기까지 왔기 때문에 따로 신경 쓸 것이 없다' 하고서 '나는 예외'라는 입장을 취한다. 과연 그럴까. 커뮤니케이션이 그렇게 쉬운 것이라면 왜 이것 때문에 사회가 혼란과 혼돈의 수렁으로 빠져들고 있을까. 한번 되돌아 볼 필요가 있다.

코칭은 전부냐 전무냐 All or Nothing를 다루는 것이 아니다. 코칭을 하기 전이나 시작단계에서는 거의 대부분이 "그것은 할 수 없다", "그것은 무리다" 등 부정적인 이유가 뒤따른다. 행동의 변화를 일으킬 수 없는 이유가 고구마 줄기처럼 줄줄이 뽑혀져 나온다. 그러면 이때 어떻게 대응해야 할까?

"당장 내일부터라도 할 수 있는 것이 뭔가 없을까?"

"100은 아니라 하더라도 1이 될 수 있는 것은 없을까?"

"아무리 사소한 것이라도 목표달성에 조금이나마 도움 될 수 있는 것은 없을까?"

"이 일에 대해서 누군가가 가르쳐줄 사람은 없을까?"

"그것에 대해 참고할 만한 책은 없을까?"

이처럼 일단 발을 들여놓게 하는 것이다. 그러면 싫든 좋든 앞으로 나가게 되는 것이 인간이기 때문이다.

자신이 생각하고 계획한 것을 행동으로 바꿔 나가는 변화는 그리 만만치 않다. 거기에는 부단한 노력과 시간이 필요하다. 말로 아무리 약속해도 실행이 뒤따르지 않는다면 변화는 물 건너 간 것이나 다름없다. 그런데 혼자서는 어렵다. 코치와 함께 부단히 노력하는 가운데 원만한 커뮤니케이션 스킬이 습득될 수 있다. 그렇게 함으로써 개인도 조직도 리더도 변화를 향한 자기 계발과 목표달성의 길을 가게 될 수 있을 것이다.

2
당신이 답이다

　　코칭은 사람을 컨트롤하는 것이 아니다. 코칭은 스스로 자기 계발을 할 수 있도록 행동의 변화를 촉진시키는 촉매제이다.

　　최근 들어 코칭이 새롭게 조명되기 시작한 저변에는 기본적으로 코치가 답을 주지 않는다는 데에 있다. 또한 충고나 명령, 가르침도 주지 않는다는 것이다. 오로지 스스로 답을 찾을 수 있도록 도와주는 역할이다.

　　우리는 어렸을 적부터 교육을 받고 성장하는 과정에서 다른 사람이 지도해 주거나 답을 주면 그것에 따라 행동하는 데에 너무나 익숙해 있다. 답과 지시가 없으면 오히려 불안해진다. 그래서 우리의 사고체계가 멈춰버려 창의성이 발휘되지 못하더라도 이상하게 생각하지 않았다. 그 결과 타인에 의해 주어진 것이 제대로 실행이 잘 안되더라도 본인은 큰 부담을 느끼지 않을 수 있다. 오직 미안할 따름이다. 왜냐하면 그것은 본인이 만들어낸 답이 아니기 때문이다.

　우리가 겪는 현실에서 "이렇게 해", "저렇게 해" 또는 "언제까지 보고해" 등의 지시와 명령은 그것이 아무리 좋은 결과를 가져온다고 해도 듣는 입장에서는 기분이 좋지만은 않다. 반면 심사숙고하여 스스로 생각하고 그것을 자신의 언어로 말하도록 함으로써 말한 것에 대한 책임감을 갖도록 하면 그 효과는 몇 배나 커진다. 목표가 달성되도록 스스로 계획을 세워 실현해 가는 과정을 밟아감으로써 자신이 원하는, 자신이 가고자 하는 방향의 삶을 살 수 있도록 하는 것이 바로 코칭의 특징이다.

　물론 혼자서도 깊이 생각하여 매사를 결정할 수 있다. 그러나 혼자서는 그 결정이 맞는지 틀리는지 의문이 생기고 자신이 잘 안 선다. 그럴 때 대화를 나눌 수 있는 코치(파트너)가 있어서 자신의 잠재능력을 발휘할 수 있도록 도와준다면 훨씬 마음이 가볍고 자신감이 생길 것이다.

　한편 우리가 익숙한 대로 스스로의 고민 없이 다른 사람으로부터 미리 답을 받거나 지시 등에 따라서 목적을 달성할 수도 있다. 그러나 스스로 생각하고 계획하고 실행하겠다고 자신의 입으로 말하게 되면 일은 더 잘 풀리게 된다. 그 순간부터 책임감을 느끼게 되기 때문이다. 이것이 코칭이 주는 마력이다.

　코칭은 코칭다운 대사를 어떻게 구사하는가에 따라 결과가 달라진다. 이를테면 유대인들이 즐겨 쓰는,

　"너의 생각은 어떠냐?"

이러한 질문법처럼 상대방이 싫다고 하는 감정을 들지 않도록 하여 어떻게든 목표를 향해 움직이도록 하는 고도의 설득력도 코칭이 갖는 특징이다.

코칭은 심리학적으로 보면 고도의 자기설득술이다. 누군가로부터 배웠다거나 지시 받아서 하는 것보다 스스로 생각하고 행동으로 옮기도록 하는 것이 훨씬 강한 힘을 발휘하기 때문이다.

코칭은 사람을 움직이게 하는 데에 유용한 스킬임이 틀림없다. 가령 아무리 소소한 일이라도 "해줄 수 있니?"라고 묻는다면 상대방은 Yes 또는 No로 대답할 수밖에 없다. 이때 "이런 일이 있는데 당신이 도와줄 수 있는 게 없을까?"라고 묻는다면 Yes나 No 대신 뭔가 생각을 하게 된다.

이렇게 해서 한 발 들여놓게 되면 빠져나가지 않는 심리를 이용하는 것이다. 코칭 받는 사람이 올바른 방향으로 나아가도록 그래서 목표를 달성하도록 하는 것은 중요한 일이다. 꼭 일정한 시간을 정해 코칭수업을 받지 않더라도 코칭스킬을 몸에 익힌다면 평소 일상생활에서도 아주 유용하게 활용 수 있다.

사람들은 코칭 받을 시간이 없다고 한다. 그만큼 우리는 정신없이 살아가고 있다는 것이다. 코칭 받을 시간이 없다는 것은 코칭을 너무 거창하게만 생각하기 때문이다. 충분한 시간과 경제적 여건이 허락해야만 가능하다고 보고 있는 것이다. 기본적으로는 맞다. 그러나 생활코칭의 측면에서 보면 누군가가 옆에서 코칭기법을 활용한 단어나 문구를 사용하기만 해도 그 효

과는 크다. 이를테면,

"너의 꿈은 무엇이냐?"

"지금 하고 있는 일은 너의 인생목표와 어떤 연관이 있나?"

"너가 갖고 있는 장점은?"

이처럼 옆에서 툭 던지는 한마디가 자신을 돌아보고 다시 한 번 생각을 하게 한다. 정 시간이 없다면 코칭 관련 책 한 권 정도라도 사서 코칭에서 많이 쓰는 단어나 문구 몇 개를 활용할 수만 있어도 코칭은 가능하다. 이것 역시 코칭이 갖는 특징의 하나이다.

때에 따라서는 코치가 조언하거나 충고 또는 제안하는 경우도 있다. 이러한 경우에는 코치가 사전에 상대방에게 양해를 구한다. "나에게 생각이 있는데 이야기해도 괜찮겠습니까?"라고 하여 허락을 구한 다음 이야기하는 절차를 밟는다. 코치의 이야기를 듣고 상대방은 따를 수도 있고 안 따를 수도 있다. 어디까지나 선택은 코치가 아닌 상대방 자신의 몫이기 때문이다.

그러므로 코칭은 질문과 제안, 요청 등의 방법을 동원해 상대방이 종래의 시각이 아닌 다른 새로운 시각으로 세상을 보도록 한다. 시각이 바뀌면 생각이 달라지고 보는 시야가 넓어진다. 그러면 잠자는 자신의 능력이 발휘되기 시작 한다. 변혁이 일어난다. 그래서 코칭은 자신이 원하는 삶을 살아가도록 도와주는 역할을 하는 새로운 전문직종이다.

'가능성'을 '가능'으로

우리가 살아가면서 나타내는 평소의 능력은 자신이 가지고 있는 것의 10% 정도에 불과하다고 한다. 나머지 90%는 우리의 내면에서 잠자고 있다는 것이다. 필요에 따라 그 잠재능력을 끌어내어야 하는데 그것이 쉽지 않다. 내면의 잠재능력을 끌어내는 데 유효한 방법 중의 하나가 바로 코칭이다. 코칭은 대화를 통해 스스로 잠재능력을 끌어내도록 해준다.

고 정주영 회장의 이야기가 생각난다.

"나는 인간이 스스로 한계라고 규정짓는 일에 도전해 그것을 이루어내는 기쁨을 보람으로 여기고 오늘까지 기업을 해왔고 오늘도 도전을 계속하고 있다. 인간의 잠재력은 무한하다. 이 무한한 잠재력은 누구에게나 가능성을 약속하고 있다. 나는 주어진 잠재력을 열심히 활용해 '가능성'을 '가능'으로 만들었다."

우리는 일을 하며 살아간다. 그런데 어떤 사람은 일에 대해 만족할 정도로 성과를 잘 내기도 하고, 어떤 사람은 성과가 부진하거나 아예 성과가 없어 실망한다. 코칭에서는 성과가 좋은 사람에게는 더욱더 알찬 성과가 나오도록 해준다. 일의 성과가 미진한 사람에게는 목표만큼의 결과가 나올 수 있도록 새롭게 동기를 부여하고 기쁜 마음으로 일을 할 수 있도록 도와준다. 결국 코칭을 받음으로써 일의 성과를 배가시키는 결과를 얻게 하는 것이다.

삶이 팍팍했던 시절에는 배불리 먹을 수만 있으면 행복하겠다고 생각했던 사람들이 많았다. 물론 지금도 하루하루 먹고 살기가 바쁜 사람들이 여기저기서 쉴 새 없이 땀을 흘리고 있는 게 현실이다. 허나 어찌했던 1인당 국민소득이 2만 달러를 넘어서게 되자 "과연 내가 행복한가?" 하고 자문자답하는 사람이 늘게 되었다.

"소득이 일정 수준에 이르고, 기본적인 욕구가 충족되면 소득의 증가가 행복에 큰 영향을 끼치지 않는다"는 미국의 경제학자 이름을 딴 이스털린 역설은 요즘의 우리 상황을 잘 대변해주고 있다. 먹고 입고 자는 것은 확실히 과거보다 월등히 나아진 것 같은데 왜 삶이 팍팍하다고 느껴지는 것일까?

어느 대기업의 CEO가 "요즘 들어 삶에 회의를 느낀다"라고 말하는 것을 들은 적이 있다. 그 분이 돈이 모자라서 그런 생각이 들었을까? 무엇이 그 분으로 하여금 그런 생각이 들도록 했을까?

그것은 바로 삶의 균형에 문제가 있었던 것이다. 그는 지금의 자리까지 오르려고 밤낮없이 뛰었다. 기업을 위해, 가족을 위해 혼신의 노력을 기울였다. 그런데 이제 되돌아보니 너무나 허전했던 것이다. 옛날에 가까웠던 친구들과도 멀어져 있고, 부인과 자식들과의 관계도 소원해져 있음을 느낀 것이다. 특히 자식들과는 생물학적인 관계 그 이상도 그 이하도 아닌 것에 아연실색한다. 우리는 모두 내 인생의 주인공이고 싶어 한다. 이럴 때 균형 있는 삶을 살 수 있도록 도와주는 것이 바로 코칭이 주는 또 하나의 혜택이다.

　우리는 자기 자신이나 주변 사람에 대해 소위 큰 의미에서의 상담 기회를 갖는 것에 익숙해 있지 않다. 자신의 것을 다른 사람이 아는 게 불안하고 못마땅해서이다. 남의 이목 때문에 자기와 관계되는 인생의 어려움이 있어도 그냥 그대로 지나쳐버리는 것이다.

　코칭은 일정한 시간을 정해서 제대로 하는 게 효과적인 것만은 사실이다. 그러나 직장 등에서 따로 코칭 받는다는 게 여간 쉽지 않다. 다른 사람은 코칭 받지 않는데 왜 내가 받아야 하나 하고 스스로 의문이 생긴다. 그래서 권장한다면 1년에 단 한 번, 30분만이라도 시간을 낼 수 있다면 받은 만큼 득이 된다. 본인뿐만 아니라 가족을 위해서도 조직을 위해서라도.

　오늘날의 리더는 복잡한 현실을 풀어내고 변화를 이끌어 내야 하는 위치에 있다. 관리자로 만족했던 과거와 달리 어떻게 미래를 창조해야 할 것인가가 주어진 과제이다. 어느 정도의 위치까지 올라가면 리더는 외로워진다. 정보가 차단되고 의논상대가 적어지며 격려해주는 사람이 줄어든다. 그럼에도 불구하고 바람직한 성과는 내야 한다. 이러한 환경을 극복할 수 있도록 하는 것이 코칭이 주는 또 다른 혜택이다.

　조직과 기업의 시장은 그 어느 때보다 빠르게 변화하고 있다. 치열한 경쟁, 컴퓨터와 통신기술의 발달, 급속한 기술의 변화와 새로운 조직형태의 구성 등은 불확실성의 글로벌 네트워크 시대를 더욱 부추기고 있다. 여기에서 낙오되면 그것으로 끝인 것을 우리는 주변에서 많이 보고 있다.

한때 세계의 전자 시장을 호령하던 일본 전자업계의 현실이 이것을 말해주는 좋은 예이다. 변혁의 시대에 "어떻게 하면 살아남아 계속 성공함으로써 구성원과 조직과 사회 그리고 국가가 행복해지게 할 것인가?" 하는 것이야말로 코칭의 사명임과 동시에 그것이 주는 중요한 혜택이기도 하다.

3
코칭 vs 컨설팅 vs 카운슬링

이쯤 되면 코칭이 도대체 다른 분야와 어떤 차이점이 있나 하고 의문이 생기기 시작할 것이다. 그러면 코칭이 우리가 지금까지 들어왔던 많은 용어들과 어떤 연관이 있고 어떤 점에서 다른 것인가를 살펴보기로 하자.

코칭은 뒤늦게 태어난 것이기 때문에 특히 카운슬링이나 컨설팅과 어떻게 다른지 설명해보라고 자주 질문 받는다.

첫째, 대상의 차이다.

카운슬링이 대상으로 하는 것은 주로 개인이다. 물론 가족을 하나의 조직으로 보아 가족 전체를 대상으로 하는 경우도 있으나 가족(가끔 집단상담이 있기는 하다) 이상의 큰 조직, 특히 기업조직 전체를 다루는 경우는 드물다고 할 수 있다. 컨설팅이 대상으로 하는 것은 조직이다. 따라서 카운슬링은 개인적인 면을, 컨설팅은 공적인 면을 대상으로 한다. 한편 코칭은 카운슬링과 컨설팅 양쪽의 대상을 모두 다룬다고 볼 수 있다.

둘째, 목적의 차이다.
　간단히 말하면 카운슬링은 개인의 심리적 안정을, 컨설팅은 조직의 업적 향상을 목적으로 하고 있다. 코칭은 그 중간이다. 즉, 심리적 안정(과거의 깊은 상처 치유 등은 카운슬러의 역할)을 기반으로 하여 개인적으로 성장하고 사회적 비즈니스의 향상을 목적으로 하는 것이다.

코칭Coaching은 삶에서 다양한 문제를 안고 있는 사람들에게 해답은 바로 당신 자신 또는 조직 자체에 있다는 가정하에 출발한다. 즉 외부적인 환경이나 자극에 따라 찾는 것이 아니라 자신과 조직 내면의 진솔한 소리와 능력을 바탕으로 해답을 찾는다는 것이다.

티칭Teaching은 주로 지식을 전달하고 가르치는 것이다. 전통적인 티칭방법은 정해진 학습내용을 선생님이 일정한 장소에서 전달한다. 티칭은 자신이 할 수 있는 것과 알고 있는 것을 기본으로 선생님과 대상자와의 관계이다. 티칭은 그 초점이 지식전달인데 비해 코칭은 대화를 통해 인격과 일(과업)에 관한 방법을 개발하고 발전시킴으로써 인재육성의 가능성을 보다 넓게 확대시켜준다.

트레이닝Training은 목표를 정해 그것을 달성하도록 반복훈련을 시켜 신체를 단련시키는 것이다. 그 과정에서 기술을 습득 또는 연마하고 잠재력을 키우며 정신적으로도 그것에 맞게 적응하도록 한다. 코칭은 잠재된 능력을 끌어내어 신체보다는 전인격적으로 발전하도록 인간관계의 기술을 개발하게 한다.

컨설팅Consulting은 어느 분야의 전문가가 상담과 자문에 응해 상황을 분석하고 대안을 제시하는 것이다. 컨설팅은 주로 일(과업)의 성취에 초점을 맞춰 방향과 해결책을 제시하므로 결과에 대해 일부 책임을 진다. 코칭은 상대방이 스스로 답을 찾을 수 있도록 그에게 권한을 줘서 일뿐만 아니라 삶의 모든 영역에서 자존감을 높일 수 있도록 한다.

멘토링Mentoring은 특정분야의 전문가가 자신이 알고 있는 전문지식과 경험을 바탕으로 상대방에게 충고하고 방향과 의견을 제시하는 것이다. 멘토링에서도 결과는 멘토의 능력에 좌우되므로 변화에 어느 정도 책임이 있다. 멘토링과 코칭은 많은 유사점을 갖고 있다. 즉 둘 다 1:1 관계를 유지하면서 상대를 지원하고 변화와 성장에 초점을 맞춘다는 점이다. 그러나 코칭은 스스로 문제를 해결하도록 돕는 것이므로 변화에 한계가 없이 잠재능력을 끌어낸다. 멘토링은 멘토Mentor가 상위 개념이지만 코칭은 동반자적인 관계이다.

　카운슬링Counseling은 일반적으로 상담이라고 하는 것으로 심리학적인 지식과 기술이 필요하다. 상담은 과거의 문제로 상처를 받은 사람을 치유하는 쪽에 초점을 두므로 사람의 심리에 집중한다. 그러므로 카운슬링은 대상자의 심리를 파고들어 문제나 과거의 일을 분석하고 평가하여 해답을 줌으로써 상처나 문제를 해결하도록 도와주고 건강한 삶을 살도록 이끌어준다. 코칭은 과거보다는 현실을 중시한다. 코칭은 현실에 초점을 맞춰 상대방이 스스로 숙고하고 계획을 세워 미래지향적으로 생각하고 행동하도록 한다.

　이처럼 코칭은 인간의 문제와 관련된 여러 영역과 비슷하면서도 또 다른 독특한 특징이 있다. 그러므로 코칭Coaching은 전통적인 조직의 질서에 관계없이 오로지 상대방과 자유롭고 원활한 커뮤니케이션을 통해 자신과 조직의 문제를 스스로 해결해 나가도록 하는 새로운 전문 스킬이다.
　그렇다고 코칭이 만사형통은 아니다. 모든 것을 코칭방법으로 할 수 있느냐 하는 것은 어불성설이다. 각각은 목적과 상황에 따라 쓰임새가 다르다. 티칭이 직업인 사람은 당연히 티칭을 해야 한다. 그러면서 코칭스킬을 가미한다면 효과는 엄청 다르게 나타날 것이다. 코칭이 전문인 사람도 경우에 따라 티칭을 해야 할 때도 있다. 그렇게 하면 상대방의 능력을 2배로

늘릴 수 있다. 반드시 코칭만이 아니라 양쪽을 겸비하도록 하는 것이 포인트다.

가령 회사에 막 들어온 신입사원이 있다 하자. 코칭에서는 상대방이 답을 갖고 있다는 전제하에 대화를 함으로 당연히 코치가 질문을 한다. 그러나 신참은 답을 할 수가 없다. 그 회사나 조직에 대해 별로 아는 게 없으니 당연하다. 이럴 때 티칭이 필요하다. 그런데 티칭을 한 후,

"알겠지? 열심히 해."

"잘 모르는 게 있으면 언제든지 질문해."

이와 같이 해서는 효과가 반감된다. 대신에 다음과 같이 질문한다.

"지금 내가 이야기한 것 중 중요한 것은 무엇이라고 생각하나?"

"이야기 듣고 자신이 해야 할 일은 무엇이라고 생각하나?"

"오늘의 이야기를 듣고 자신의 능력을 앞으로 어떻게 살려 나갈 수 있겠나?"

이처럼 코칭은 그 자체만으로도 할 수 있으나 다른 분야와 함께 동행해야 되는 경우도 있다.

우리들이 어렸을 적부터 지금까지 성장하고 발전하는 데 혁혁한 도움을 주신 삶의 선구자와 동반자들의 역할은 매우 크다. 그분들이 바로 교사, 트레이너, 카운슬러, 컨설턴트, 멘토들이다. 코치는 이분들과 더불어 우리가 충만한 삶을 살 수 있도록 지원하는 한 파트너라고 생각하면 좋을 것이다.

4 코칭리더십이란?

　　어느 시대를 막론하고 리더가 누구냐에 따라 국가 사회의 흥망성쇠가 달라졌다. 그러면 리더란 어떤 사람일까? 전에는 '지도자'라는 표현을 많이 썼으나 요즘은 오히려 '리더'라는 영어 표현이 일반화되고 있다.

　　리더에 대한 정의는 여러 가지로 표현할 수 있으나 간단히 말해서 '가정이나 기업 또는 조직에서 미래를 책임지고 창조해 가는 사람'이라고 한다면 어떨까. 리더는 우리가 보통 생각하는 큰 틀에서의 국가나 큰 조직을 이끄는 사람만이 리더가 아니다. 리더는 작게는 사회의 가장 기본인 가정에서부터 조그만 조직이나 중소기업에 이르기까지 복수의 인간이 존재하는 곳에서는 어디에나 존재한다.

　　가령 가정의 총체적 리더를 아버지라고 본다면 가족의 건강과 살림을 꾸려 나가는 쪽에서는 어머니가 리더이다. 가정의 어느 특별한 이슈에 대해

아들이 가장 잘할 수 있다면 그 일에 대해서는 아들이 리더이다. 이렇게 본다면 이 사회에서 리더 아닌 사람은 없다.

그러므로 우리 모두는 리더이다. 다만 리더가 제대로 된 리더인지 아닌지가 문제가 되는 것이다. 그 부분에 대해 가장 화두가 되는 것이 리더십이다.

그렇다면 리더십이란 무엇일까? 리더십에 대해서는 오래전부터 많은 정의가 내려져 있다. 여기서는 그들 중 몇 가지를 정리하여 '리더십이란 어떤 목표를 설정하고 그것을 달성하기 위해 사람과 자원을 동원하는 기술'이라고 간단히 정의하고 싶다.

과거의 리더는 일반 다른 사람들보다 많이 배우고 경험한 사람이었다. 또는 자신의 능력과는 관계없이 우연히 리더라는 자리에 오르는 경우도 있었다. 그러다 보니 일방적으로 지시하고 명령하는 통솔형, 관리형이라고 부를 수 있는 전통적 리더십이면 충분했다. 그러나 지금은 너도나도 많이 배우고 경험하고 있어서 그것만으로는 불충분하다. 거기에는 지혜라는 통찰력이 필요하게 된 것이다.

우리나라에도 1998년 금융위기가 도래하자 1990년대 후반부터 글로벌 리더십이라는 용어가 대두되기 시작했다. 그만큼 어떤 리더이든지간에 세계적인 안목이 있어야 한다는 것이다. 그러면 지구촌화 되어가는 현실에서 어떤 리더가 참다운 리더일까? 모든 사람의 욕구를 충족시킬 수 있는 리더가 있을 수 있을까? 아마도 리더도 사람인 이상 그런 리더는 찾아보기 힘들 것이다. 그렇지만 코칭리더십 마인드를 가진 리더라면 가장 가깝지 않을까.

그렇다고 코칭리더십만으로 조직과 기업이 움직여지는 것은 아니다. 왜 전통적 리더십이 필요하지 않겠는가. 그것은 대단히 중요하다. 다만 거기에 새로운 마인드, 새로운 기법인 코칭스킬을 적용한다면 그 효과가 배가될 수 있다는 것이다. 이를테면 늘 지시만 하다가 부하에게 다음과 같이 질문을 한다면 어떻게 될까.

"지금 내가 이야기한 점에 대해 너는 어떻게 생각하나?"

"좋은 아이디어가 있으면 이야기해주지 않겠나?"

최근 우리 사회는 큰 어른으로 보아왔던 사람들이 한 순간 나락으로 떨어지는 경우를 심심치 않게 보고 있다. 왜 그렇게 되고 있을까? 그들은 리더로서의 과정과 위치에 있을 때 사회화된 너 중심이 아닌, 사유화된 막강한 힘을 갖는 나 중심의 권력을 휘둘렀기 때문이다. 모든 것의 핵심과 초점을 다른 사람이 아닌 나에게 둠으로써 주어진 권력이 사유화된 막강한 권력으로 변질되면서 생기는 현상이라고 할 수 있다. 그러한 유형의 리더십을 우리는 하향식 리더십, 전통적 리더십, 성과 지향적 리더십, 거래적 리더십, 사유화된 리더십, 폐쇄된 리더십, 일방적 리더십 등 다양한 용어로 표현하고 있다.

이러한 점에서 '코칭리더십'이라는 개념이 새롭게 등장하게 되었다. 이것은 리더십에 코칭이라는 개념을 도입한 것이다. 미래의 리더에게는 유연성이 있고 다른 사람과 조화를 이루는 공감능력이 더욱 중요하다. 그렇게 되면 사람의 마음을 사로잡는 변혁적 리더십, 서번트 리더십, 개방적 리더십, 상향적 리더십, 공유된 리더십, 가치 지향적 리더십, 협력적 리더십 등 다양하고도 바람직한 리더십을 갖는 리더가 될 것이다.

그러면 코칭스킬을 이용한 리더십이라면 100% 이상형의 리더가 된다는 것이냐 하고 의문이 생길 수 있다. 우리 모두의 바람인 100% 이상형 리더는 있을 수 없다. 다만 100%를 향해 조금씩 접근해 가는 데에 코칭이라는 새로운 방법이 상당히 큰 효과를 발휘하고 있다는 것이다.

큰 조직이든 작은 조직이든 사람과 사회에 관계된 문제에 정답은 없다. 우리는 다만 정답을 찾기 위해 몸부림치고 시행착오를 거치며 고민하고 있는 것이다. 올바른 리더십을 가진 리더가 적재적소에 존재할 때 그래도 우리 사회는 밝아지고 살 만한 가치가 있는 곳이 되지 않을까.

질문의 숨겨진 힘

chapter 2

질문의
숨겨진
힘

1 질문을 하면

　리더의 기본은 소통과 대화이다. 코칭이 무엇인지를 아는 리더는 여기에 가장 필요한 것이 바로 경청과 질문임을 알 것이다. 그래서 경청은 코칭의 씨앗이고, 질문은 코칭의 꽃이라고 할 수 있다. 훌륭한 리더는 답을 주는 사람이 아니라 질문을 잘하는 사람이다. 한 번의 질문이 인생을 바꾸게 할 수 있기 때문이다.

　독자들은 생뚱맞게 왜 갑자기 여기에서 질문이냐고 할 것이다. 우리는 평상시 누구나 질문하고 듣고 대답하며 잘 살아가고 있다고 느끼기 때문이다. 그러나 막상 대화를 위해 마주 앉아 질문하라고 하면 쉽지 않음을 느낄 것이다. 처음 몇 번은 질문이 가능하다. 서너 번 질문하고 나면 말문이 그만 막혀버린다. 멍하니 서로 얼굴만 쳐다보며 민망스럽기까지 할 것이다. 장시간 인터뷰하는 게 만만치 않음을 엿볼 수 있는 대목이다. 이것은 우리가 어렸을 적부터 질문보다 답을 찾는 데 익숙해 있기 때문이다.

때때로 우리는 소통이 매우 잘되서 한 번 만나면 1시간이든 2시간이든 시간 가는 줄 모르고 대화를 나눈다고 자랑한다. 그럴 경우 그것은 거의 일방적인 이야기가 대부분이다. 상대가 듣든 안 듣든 관계없이 나의 이야기를 늘어놓는 것이다. 그래도 시간이 잘 가고 즐거우니 그것으로 만족할 수 있으므로 그 자체로도 의미가 있다고 할 수는 있다. 여기에서 말하고자 하는 것은 생산성 있는 대화를 하기 위해서는 어떻게 해야 하는 가이다.

요즘처럼 너나없이 바쁘게 살아가고, 소통과 대화가 제대로 안되어 많은 어려움을 겪고 있을 때 질문을 통해 어떻게 문제를 풀고 소통하는 것이 좋을까? 먼저 왜 질문이 커뮤니케이션의 핵이 되는지를 살펴보기로 하자. 도리스 리즈(2009)가 지은 《질문의 7가지 힘》을 참고하여 10가지를 제시한다.

1. 질문을 하면 마음이 열린다.

우리가 첫 대면이거나 모임에서 누군가가 이야기를 걸어주지 않으면 모두가 머쓱해지고 긴장한다. 그러나 누구든지 먼저 이야기를 하고 질문을 함으로써 분위기가 조금씩 고조되게 됨을 경험해 봤을 것이다. 비로소 마음이 열리는 첫 단계라고 할 수 있다.

2. 질문을 함으로써 소통이 시작된다.

처음에 날씨나 건강 등 가벼운 질문부터 시작하면 자연히 마음이 열리고 소통이 시작되어 무거운 주제로도 넘어갈 수 있다. 서로가 조금씩 마음을 열고 소통을 할 준비가 되게 된다는 것이다.

3. 질문은 상대방이 생각을 정리하고 사고를 촉진시키게 한다.

우리는 평소 여러 가지를 생각하지만 특별히 어떤 것에 대해서 깔끔하게 정리된 생각을 하지 않는다. 그러나 질문을 받음으로써 비로소 사고체계를 촉진시켜 자신의 생각을 정리하기 시작한다.

4. 질문은 변화를 일으키게 한다.

우리는 평소 늘 하던 대로 생각하고 무의식적으로 행동하는 것이 일반적이다. 그러나 질문을 받음으로써 생각이나 행동을 새롭게 해야겠다는 변화를 일으키게 한다.

5. 질문은 자신을 돌아보게 한다.

우리는 눈코 뜰 새 없이 바쁘게 살아가고 있다. 내 자신이 누구이고 어떻게 살고 있는지 돌아볼 생각도 시간도 없다. 질문을 받음으로써 나를 성찰할 기회를 갖게 되는 것이다.

6. 질문은 깨달음을 얻게 한다.

깨달음이라는 용어 자체가 너무 철학적이지만 나는 이것을 '내가 지금 하고 있는 것이 옳은 일인지 아닌지를 판단하는 것'이라고 가볍게 의미부여 하고 싶다. 그래서 스스로 또는 타인으로부터의 질문을 통하여 깨달음을 얻게 될 것이다.

7. 질문은 동기를 유발시킨다.

무엇인가를 하려 할 때는 의지가 있어야 한다. 그 의지를 불러일으키는 것이 바로 동기유발이다. 이것은 질문을 통하여 용솟음칠 수 있다.

8. 질문을 하면 의중이 확인된다.

상대방의 마음을 읽을 수 없는 경우가 많다. 이것은 대화를 통해 질문을 함으로써 얻을 수 있다.

9. 질문을 하면 답이 나온다.

아무 소리도 않고 가만히 있으면 상대방은 내가 필요한 게 무엇인지, 답이 무엇인지, 정보는 있는지 등을 알 수 없다. 질문을 함으로써만이 필요한 답이 나오게 되어 있다.

10. 질문은 행동으로 연결시킨다.

아무리 좋은 생각과 계획이 있더라도 실행하지 않으면 무용지물이 된다. 질문을 통해 결정된 것들을 언제 어떻게 실행에 옮길 것인가 등으로 구체화 시킬 수 있다.

코칭에서의 질문은 질문자인 내가 모르는 것을 듣기 위한 것도 있지만, 그보다 중요한 것은 상대가 무엇을 알고 있고 무엇을 모르는지를 인식시켜 주는 역할을 한다. 우리는 평소 어떤 것에 대해 모른다는 사실이 의식으로 떠오르지 않는다. 질문을 받았을 때 잘 대답하지 못했다는 경험을 통해 '아, 그것을 모르고 있었구나!' 하게 된다. 거기에서부터 알아야 되겠다는 의식이 떠올라 비로소 행동으로 옮기기 시작하는 것이다.

우리에게 잘 알려진 미국의 오프라 윈프리는 사생아인 흑인 여성으로 태어났다. 그녀는 어려서부터 어머니에게 버림받아 할머니 손에서 컸다. 아홉 살 때 사촌오빠에게 성폭행을 당했다. 열네 살 때에는 미혼모로 아이를 낳았다. 미숙아인 그 애는 일주일째 되는 날 저 세상으로 갔다. 그녀는 마약을 하는 100kg 거구의 비행소녀였다. 열일곱 되던 해 어느 날 그녀는 의붓아버지로부터 다음과 같은 질문을 받았다.

"세상에는 세 종류의 사람이 있다. 첫째는 세상에서 엄청난 일을 만들어 내는 사람, 둘째는 그 엄청난 일을 어떻게 할 수 있지 궁금해 하는 사람,

셋째는 그런 일이 있는지조차도 모르고 살아가는 사람이다. 너는 어떤 사람이 되고 싶으냐?"

오프라 윈프리는 결심했다.

"대단한 일을 해내는 사람이 되고야 말겠어요."

그녀는 뉴욕 〈타임〉지가 선정한 20세기 위대한 여성 중 한 명으로, 미국에서 가장 기부를 많이 하는 여성으로, 흑인 최초의 흑인 앵커이고 유명한 토크쇼 진행자로 성장했다. 지난 2012년 미국의 대통령 선거에서는 지금까지 예가 없었던 민주당 대통령 후보 오바마 부부와 공화당 대통령 후보 롬니 부부를 인터뷰할 정도였다. 그녀는 가장 낮은 곳에서 가장 높은 곳까지 올라갔다. 이것은 누구에게 질문을 어떻게 하느냐에 따라 엄청난 결과를 가져오게 한다는 좋은 예이다. 질문의 힘이란 바로 그런 것이다.

이미 자신이 알고 있거나 고질적인 문제도 질문을 통해 풀어갈 수 있다. 특히 이것은 조직에서 구성원으로 하여금 스스로 일을 찾아 책임감 있게 하도록 하는 데에 그 중요성을 찾을 수 있다.

이처럼 코칭에서는 목표가 달성되도록 질문과 경청의 스킬을 반복한다. 이러한 기본적인 프로세스를 통해 상대방이 스스로 생각하고, 스스로 판단하고, 스스로 행동하고, 스스로 평가할 수 있도록 도와준다.

이것은 일종의 자율적인 학습방법을 몸에 익혀가도록 하는 것이라고도 할 수 있다. 지식이 많다고 반드시 현명한 것은 아니다. 지식은 앎이라는 자기 축적의 과정을 넘어 실행으로 옮길 때 빛이 난다. 그 과정에서 중요한 것이 바로 질문이다. 질문은 지식이 많지 않은 사람도 현자로 만든다. 현자는 지혜로운 사람이다. 지혜로운 사람은 사물을 통찰할 수 있는 능력을 질문으로부터 얻는다.

2

왜
질문을 못하나?

무능한 리더의 특징 중 하나는 질문을 두려워 한다는 것이다. 질문은 때에 따라서 핵폭탄과 같은 위력을 지닌다. 질문이 갖는 힘이 그만큼 대단하기 때문이다.

나는 수십 년간 대학에서 학생들을 가르치면서 살아왔다. 그중에서 가장 안타깝게 여기는 것은 학생들이 질문을 하지 않는다는 것이다. 알아서 안 하는 것인지 몰라도 안 하는 것인지 알 수 없다. 왜 그럴까 하고 곰곰이 생각을 해본다. 여러 가지 원인이 있겠지만 가장 큰 것은 어렸을 적부터의 습관에서 오는 것이라고 생각된다. 우리는 초등학교에 들어가면서부터 질문을 잊어버리고 살아왔다. 어떻게 된 영문일까. 호기심 많던 아이 시절의 질문 습관이 그때부터 사라져버린 것이다.

나는 요즘 강의시간에 잠깐 틈을 내어 질문의 중요성에 대해 학생들과 대화를 나눠 보곤 한다. 그들의 생각과 더불어 평소 우리가 질문을 잘 안 하는 또는 못하는 이유를 몇 가지 정리하면 다음과 같다.

1. 질문 자체를 두려워 한다는 것이다.

평소 대화 시에는 제법 질문을 하면서 이야기를 잘한다. 하지만 공식 또는 공식에 가까운 자리에만 있게 되면 상황은 달라진다. 무엇을 어떻게 해야 할지 몰라 그만 몸이 움츠려들고 만다고 한다. 또 자신이 질문하는 것 자체가 상대방의 권위에 대한 도전이라고 할까 봐 겁이 난다는 것이다.

2. 질문 자체를 창피한 것이라고 생각하는 것이다.

누군가가 설명하면 듣고서 그런가 보다 하고 생각하면 될 것이지 뭐 잘났다고 일어서서 질문을 하느냐는 것이다. 또한 질문하는 동안 주위로부터의 시선에 낯 뜨거움을 느끼는 게 괴롭다고 한다.

3. 자신의 무지와 허점이 들어날까 봐 못한다는 것이다.

그래서 내가 생각하는 질문이 맞는지 틀리는지 자신이 없어서 그만 위축이 되고 만다고 한다.

4. 질문 자체를 중요하게 생각하지 않는다는 것이다.

평소 호기심과 의문점에 대해 깊이 생각하는 습관이 길들어져 있지 않으므로 질문을 하지 않는 것이 오히려 자연스러운 것으로 여긴다는 것이다.

5. 가만히 있으면 중간은 갈 수 있다는 생각에서다.

우리는 때때로 나의 의견보다 집단에 편승해서 가는 데에 익숙해 있다. 그러니 괜히 잘난 척 나서서 찍히기보다는 따라가는 것이 편하기 때문이란다.

6. 습관이 안되서 못한다는 것이다.

질문도 습관이 되어야 할 수 있다. 습관은 어느 날 갑자기 하루아침에 되는 것이 아니다. 어렸을 적부터 꾸준하게 질문하는 습관을 키워야 하고 또 키워줘야 한다. 어느 정도 성장한 사람들이라면 이제부터라도 스스로 노력해야 한다. 질문은 자신도 성장하고 상대방도 성장하게 만든다. 세상은 더불어 사는 곳이므로 나 혼자 잘되 봐야 별로다. 시간이 좀 지나면 모든 것이 허무하게 느끼게 되므로 질문은 필수이다.

7. 질문하는 법을 몰라서 못한다는 것이다.

우리는 평소 질문을 한다. 그러나 그 질문은 아주 단순하다. 대부분은 단답형인 즉답질문이다. 그 다음은 왜why라는 의문사가 들어가는 질문으로 거의 이어지고 만다. 그것만으로는 질문다운 질문이 진척되지 못한다. 그렇게 해서는 상대방의 능력을 끌어낼 수 없다.

나는 코칭교육을 하면서 어떤 문제를 예로 들어 질문연습을 시켜본다. 그들로부터는 "질문이 잘 안되고 어렵다"라는 대답이 돌아온다. 따라서 질문을 어떻게 해야 하는지 아주 기본적인 것만이라도 아는 게 좋다. 그것에 대해서는 5장에서 예를 들며 자세히 설명했다.

유대인들의 교육특징 중 하나는 질문이다. 그들은 어렸을 적부터 "오늘은 학교에서 뭘 배웠나?"가 아니라 "오늘은 어떤 질문을 했나?"라고 들으며 자랐다. 또 그들에게는 "너의 생각은 어떠니?"가 일상화되어 있다. 이것은 사고의 폭을 넓혀나가는 데 큰 역할을 한다. 이러한 것이 전 세계 인구의 0.2%에 불과한 소수 민족인 그들을 전체 노벨상 수상자의 20% 이상에 달하는 위대한 인물, 그리고 세계적인 대부호를 많이 배출해내는 원동력이 된 것은 아닐까.

3
항우와 유방의 싸움

　　영웅적 리더십과 강력한 국가경영으로 중국 최초의 통일제국을 건설한 절대군주 진시황. 영생불멸을 염원한 그였지만 49세의 나이로 기원전 210년에 세상을 떠났다. 중국은 혼돈의 세계로 빠져 들었다. 천하를 둘러싼 싸움이 시작되었다. 누가 주인이 될 것인가. 이때 걸출한 두 인물이 나타났으니 그들이 바로 항우와 유방이다. 초나라 귀족 출신인 항우는 당시 최고의 세력을 유지하며 8년간의 싸움에서 백전백승하였다. 패현 출신의 백수건달 유방은 힘이 모자랐다. 천운은 항우에게로 돌아가고 있었다.

　　기원전 202년 해하에서 일전이 벌어졌다. 양 진영 간의 운명을 건 한 판 승부였다. 이때 항우와 유방은 각각 참모들과 전략전술 회의를 열었다.

　　항우가 참모들에게 물었다.

　　"어떠냐?"

백전백승의 주군이 내놓은 전략전술에 누가 감히 토를 달 수 있을까.

유방도 물었다.

"어떻게 하지?"

두 질문의 차이는 무엇일까. 항우는 자신이 내놓은 안에 대해 동의해줄 것인지를 물은 것이다. 유방은 많은 사람들의 의견을 듣고 최적의 안을 결정하겠다는 것이다.

항우는 유방의 참모들이 내놓은 전략전술에 말려들어 패했다. 항우가 최후의 결전 끝에 단신으로 양자강 언덕까지 도망 왔다. 이때 한 사람이 배를 준비하여 항우에게 말했다.

"대왕이시여! 어서 강을 건너소서. 강동은 비록 작은 땅이지만 왕 노릇 하기에 족한 땅입니다. 제가 건너드리겠습니다."

강동은 항우의 고향이기에 건널 것을 권한 것이다. 그러자 항우는 머리를 저으며 말했다.

"내가 그전에 강동의 청년 8000명을 거느리고 이 강을 건넜다. 이제 그들을 모두 죽이고 나 홀로 남아 무슨 면목으로 그들의 가족을 대하랴."

그는 나이 서른에 자결하고 말았다. 이 한 번의 패배가 그의 목숨을 앗아가는 영원한 패배로 이어질 줄은 아무도 몰랐다. 이로써 유방은 중국 천하의 주인이 되어 한나라의 황제가 되고 한고조로 기록되기에 이르렀다.

이것은 한 사람의 아이디어보다 집단지성의 위대함을 보여주는 좋은 예이다. 또한 같은 상황 또는 사안에 대해 어떻게 질문을 하느냐에 따라 결과는 엄청나게 다를 수 있음을 보여주고 있다.

　코칭을 너무 어렵게 생각하지 않는 게 좋다. 그냥 가볍게 자연스럽게 하는 것이라고 생각하면 좋다. 지금까지와 조금만 다르게 해도 코칭은 되는 것이고 효력은 대단하다. 가령 이 대리가 A회사의 정 사장에게 신제품을 팔려고 할 때 리더나 코치가 다음과 같이 이 대리에게 질문해보자.

　"정 사장에게 물건을 팔려면 어떻게 하면 좋겠나?"

　"1개월 내에 정 사장으로부터 납품승낙을 받고 싶다면 어떻게 하면 좋겠나?"

　"이 대리가 정 사장이라면 어떤 말을 들으면 흔쾌히 살 마음이 생기겠는가?"

　"어떻게 하면 그것을 원하는 방향으로 끌고 갈 수 있겠나?"

　질문과 관련하여 자신에 대한 셀프코칭까지 해보면 어떨까.

　"나는 질문을 잘하는 편일까?"

　"내가 질문을 하면 상대방은 보통 어떤 반응을 보이나?"

　"나는 어떤 스타일의 질문을 많이 하는가?"

　"나는 질문에 왜라는 의문사를 많이 쓰는 편인가?"

　"나는 질문한 다음 답이 나올 때까지 침묵을 지키는가?"

　"나는 잘 듣고 난 다음 질문을 하는 편인가?"

4 즉답질문과 생각질문

일상생활에서의 의식은 비교적 얕다. 그것은 표면적인 부분에 있으므로 보통 깊은 곳까지 들어가서 생각하지 않는다. 깊숙이 잠들어 있는 의식을 깨워주는데 가장 적합한 것이 바로 질문이다. 이때 5W_{WHO, WHEN, WHERE, WHAT, WHY}와 1H_{HOW}가 사용된다.

그러면 질문을 어떻게 해야 할까? 질문은 크게 2가지 형으로 나눌 수 있다. 즉답질문과 생각질문이다. 어떤 사람들은 즉답질문을 폐쇄질문 또는 닫힌 질문_{Closed question}이라고도 한다. '폐쇄'라든지 '닫힌'이라는 단어는 그 자체가 부정적인 어감을 주는 것 같아 여기에서는 즉답이라는 표현을 썼다. 즉답질문은 깊이 생각하지 않고도 바로 대답할 수 있는 질문을 말한다. 이를테면,

"당신의 고향은 어디십니까?"

"당신은 몇 살입니까?"

"당신의 직업은 무엇입니까?"

생각질문은 확대질문 또는 열린질문Open question이라고도 한다. 생각질문은 깊게 또는 짧게라도 생각해야 답을 할 수 있는 질문이다. 생각질문은 사고와 발견을 촉진시킨다. 이를테면,

"당신이 그 일을 하려는 목적은 무엇인가?"

"당신의 꿈은 무엇인가?"

"당신은 그것을 위해 무엇을 할 수 있는가?"

즉답질문은 때로는 '예' 또는 '아니오'로 답하게 하여 사실 확인과 의견을 명확히 하는 데 유용하다. 이 질문법은 양자택일을 하도록 하므로 심문조가 되기도 하여 상대를 위축시킬 수도 있다. 즉답질문은 상대가 한 것과 하지 않은 것을 확인하면서 체크리스트의 항목을 하나하나 짚어나갈 수 있는 장점이 있다. 그러나 설문조사가 아니라면 즉답질문을 계속해서 사용 시 상대방을 기분 나쁘게 할 수도 있으므로 주의해야 한다.

생각질문은 '무엇 What'과 '어떻게 How' 등의 의문사가 들어가는 것으로 폭넓은 답을 내는 데 널리 쓰인다. 생각질문은 '언제, 어디, 누구' 등 사물을 특정시켜 나가는 제한적 질문과 '왜, 어떻게' 등을 사용하는 확대질문으로 나눌 수 있다. 제한적 질문은 목표를 구체적으로 정하거나 실행계획을 보다 명확하게 할 때에 사용된다. 확대질문은 생각을 깊게 해야 답을 할 수 있는 것으로 코칭에서 많이 활용된다.

초나라 항우는 즉답질문을 즐겼고 유방은 생각질문을 즐겼다. 코치와 리더는 즉답질문보다 생각질문을 하는 데 익숙해야 한다. 그렇다고 즉답질문을 하지 말라는 것은 아니다. 유능한 리더는 즉답질문과 생각질문을 적절히 사용할 줄 알아야 한다. 어느 쪽을 선택할 것인가는 대화의 내용과 상황에 따라 다를 수 있다.

상대방의 결의를 다지게 하는 데에는 즉답질문이 제격이다. 또한 급하게 사실 확인을 해야 하는 데에도 즉답질문이 제격이다. 그러나 즉답질문만 계속하면 부하는 상사의 체크리스트에 의존하게 되어 스스로 생각하고 문제를 파악하여 해결하려는 의욕을 상실하게 된다. 그래서 매사를 상사의 지시와 의견에 매몰되도록 하는 습관을 만들어 버리므로 주의해야 한다.

질문을 어떻게 하느냐에 따라 상대의 생각이 바뀌게 된다. 내가 일본유학 당시 처음으로 테니스 라켓을 잡을 기회가 있었다. 약간의 기초 훈련을 하고 바로 코트에 들어갔다. 오는 공을 맞추려고 노력했으나 헛스윙이 많았다.

그때 옆에 있던 한 분이 "공을 잘 보고 있나?"라고 했다. 즉답질문이었다. 공을 잘 보려고 노력하니 조금 나아지기는 했지만 여전히 헛스윙이 많았다.

그러자 다른 한 분이 "공이 어느 방향으로 회전하고 있는가?"라고 말했다. 공이 우회전하는지 좌회전하는지를 잘 보라는 것이었다. 상황을 잘 보고 대답하라는 질문이었다. 그러니 나로서는 공을 더 잘 보려고 노력할 수

밖에 없었다. 차츰 나아지고 실력이 조금씩 늘었다. 이것은 질문을 어떻게 던지느냐에 따라 행동이 달라질 수 있다는 좋은 예이다.

이처럼 코칭은 상대방에게 답을 주지 않는다. 그래서 코칭은 어떤 면에서 선문답과 같다고도 할 수 있다. 스스로 잘 생각하고 실행하도록 지원하고 있을 뿐이므로.

5
질문은
긍정과 미래형으로

다음은 질문할 때 주의할 점 2가지를 소개하려 한다.

첫째, 부정적 질문은 가급적 하지 않는 게 좋다.

어떤 것에 대해 부정적 질문을 하는 것은 상대를 불신하고 억압을 주는 느낌을 들게 한다. 예를 들어,

"그 일을 어제까지 하기로 했는데 왜 안 했어?"

"다시는 그렇게 하지 말라고 했어 안 했어?"

"보고서를 제출하지 않은 이유가 뭐야?"

부정적 의미의 질문은 상대방과의 소통의 맥을 잘라버리는 결과를 가져온다. 그러므로 같은 질문이라도 긍정적 질문으로 바꾸면 훨씬 대화가 잘되고 분위기도 좋아지게 된다. 예를 들면,

"그 일을 어떻게 하면 빨리 마무리할 수 있을까?"

"무슨 일이 있었어요?"

"그 보고서는 언제까지면 가능하지?"

"이것을 전화위복으로 바꿀 수 있는 방법이 있다면 무엇인가?"

둘째, 과거질문 대신 미래질문으로 바꾸는 것이다.

과거질문 역시 부정적 의미가 많이 내포되기 마련이다. 이를테면,

"엄마가 지난달에 뭐라고 했지?"

"지금까지 도대체 뭘 했어?" 등의 질문이다.

듣는 쪽 입장에서는 듣는 순간 기분이 영 엉망이 되어버린다. 과거는 이미 지나갔고 굳어진 상황이다. 아무리 발버둥 쳐도 되돌릴 수 없다. 과거를 교훈 삼아 다시는 그런 일이 일어나지 않도록 하는 것이 중요하다. 그러나 그것을 하나하나 조근 조근 따져나가는 것은 좋지 않다. 이것은 과거에 너무 얽매이면 전진하는 힘을 빼버리게 하는 결과를 가져온다는 의미이다. 그렇다고 과거를 전혀 돌아보지 말라는 것은 아니다. 다만 코칭은 과거를 깊게 파고 들어가서 상처를 치유하도록 하는 것이 아니기 때문이다.

그래도 코칭에서 과거질문을 권장하는 경우가 2가지 있다. 하나는 과거에 현재의 문제와 비슷하거나 다른 경우라도 잘 이겨냈던 좋은 경험을 떠올리게 하는 것이다. 또 다른 하나는 과거 행복했던 추억을 떠올리게 하여 현재의 어려움을 극복하고 힘차게 미래로 나가도록 격려할 필요가 있을 때

이다.

　그러나 코칭에서는 가급적 과거질문보다 미래질문으로 바꿔나가도록 해야 한다. 예를 들면,

"이것을 위해 앞으로 어떻게 하면 좋겠습니까?"

"성공하기 위해 어떤 일을 하고 싶습니까?"

"꿈을 펼친다면 어떤 방향으로 갔으면 좋겠나?"

　이러한 질문은 미래를 향해 오늘 내가 어떻게 살고 실천해 나가야 하는지를 스스로 생각하고 다짐하도록 한다.

주의해야 할
Why 질문

왜Why라는 단어는 가려 써야 한다. 일반적으로 이유나 까닭을 물을 때 '왜'라는 단어를 쓰지만, '왜'라는 단어는 순수하게 이유를 묻기보다 부정적 뉘앙스가 많이 내포되어 있기 때문이다.

"왜 이렇게 늦었어?"

"왜 어제 안 왔어?"

"왜 약속 안 지켰어?"

이렇게 질문하면 듣는 쪽은 도전적이고 공격적이고 부정적인 느낌으로 받아들인다. 결국 상대방은 방어적이고 저항 의식이 생겨 자기 변명으로 대답이 나가게 된다. 그래서 진정성이 결여되어 솔직하지 못하고 둘러대기도 한다. 그런 일이 계속되면 부모나 상사 또는 주위 사람들에게 적극적으로 보고하지 않는 습관이 들게 하는 결과를 가져오게 한다.

그러면 어떻게 해야 될까? 바로 앞에 있는 상대방의 인격과 관계된 질문, 즉 인격이 주체인 질문이라면 '왜' 대신에 '어떻게How' 또는 '무엇What'으로 바꿔 질문하는 것이 좋다. What이나 How로 바꾸는 것만으로도 질문자의 목소리가 자연히 가라앉게 된다. 예를 들면,

"어떻게 해서 그런 일이 생겼나?"

"그 일을 어떻게 처리하면 좋겠나?"

"이 일이 실패한 것은 어떤 장애가 있었기 때문인가?"

"무엇이 당신으로 하여금 그렇게 일을 어렵게 만들도록 하였나?"

"무슨 일이 있어서 이렇게 늦었나?" 등이다.

이처럼 질문형식을 조금만 바꿔도 이유를 추궁하는 것이 아니라 문제가 일어난 원인에 대해 상대방에게 생각할 기회를 주게 된다. 그러면 상대방도 문제를 객관적으로 보게 되어 순수하게 자신의 잘못뿐만 아니라 앞으로의 방향까지 생각하게 된다. 그렇다고 '왜'를 전혀 쓰지 말라는 것은 아니다. 주체가 사물이거나 과업인 경우는 얼마든지 가능하다. 예를 들면,

"왜 자동차 유리창이 깨졌지?"

"학교가 왜 연락을 안 주지?"

"갑자기 왜 바람이 강하게 불지?"

또한 주체가 인격체이더라도 질문의 내용이 거대한 것에서는 '왜'를 쓰는 것이 훨씬 좋다. 예를 들면,

"우리는 왜 경제부흥을 이뤄내야 하나?"

"인간은 왜 우주탐사를 해야 하나?"

"정부는 왜 복지정책에 신경을 써야 하나?"

7

좋은 질문
5원칙

　　소통은 주고받는 것이다. 쌍방향이어야 원활한 대화와 코칭이 이루어진다. 한쪽이 일방적으로 대화를 끌고 가버리면 마음의 연결이 안 된다. 소통은 질문과 대답이 번갈아가면서 이뤄져야 참다운 대화가 이뤄질 수 있다.

　　어느 한 사람이 주도적으로 이야기하면 그것은 연설이 된다. 요즘은 강의도 일방적으로 해버리면 재미없어 한다. 이곳저곳에서 하품이 나온다.

　　최근 각종 매체의 발달로 우리는 소위 잘나가는 사람들의 토론과 대화를 보거나 들을 기회가 많아졌다. 결과에 따라서는 승패가 결정될 수도 있다. "어떻게 하면 상대방을 곤경에 빠뜨려 반사이익을 얻을 수 있을까?" 하고 당사자는 생각하게 된다. 하지만 그것은 좋은 방법이 아니다. 이제는 청취자들이 그것을 들으면서 판단할 능력이 있을 만큼 많이 성숙해 있다. 그래서 어떻게 하는 것이 소통과 대화 그리고 코칭을 위한 좋은 질문이 될 수 있는지에 대해 알려진 것 중 몇 가지를 추려 보았다.

첫째, 질문은 간결해야 한다.

일전에 나는 상대방으로부터 나에게 무엇인가를 구구절절 이야기한 다음 질문을 받은 적이 있다. 도통 질문 내용이 무엇인지 정확하게 알 수가 없었다. 그래서 결국 "질문의 핵심은 무엇입니까?" 하고 되물을 수밖에 없었다. 아무리 달변가라 할지라도 말이 길어지면 알맹이가 없어지기 마련이다. 뭐가 뭔지 헷갈리게 된다. 그러므로 질문은 간결해야 상대방의 심금을 울릴 수 있고 효과도 크다.

둘째, 질문은 투명해야 한다.

소통과 대화의 시간은 유한하다. 이야기를 잘한다고 마냥 빙빙 돌려가며 말하면 상대방은 기분이 나빠진다. 아무리 머리 나쁜 사람이라도 금방 알아차린다. 그러므로 질문은 분명하고 투명하게 해야 원하는 답을 얻을 수 있고 상대방도 그에 맞게 대답할 수 있다.

셋째, 질문은 비판적이어서는 안 된다.

사람은 누구나 생각이 다를 수 있다. 나의 의견과 다르다고 상대방을 몰아붙이면 언쟁이 되고 만다. 그러면 신경이 머리끝까지 올라 감정이 우선하는 상황으로 돌변해버린다.

넷째, 질문은 생각해서 답할 수 있도록 하는 것이 좋다.

특히 정치적 성격의 토론회에서는 즉답(단답)형 질문을 많이 한다. 상대방이 답변을 하지 못하면 그것도 모르느냐고 질책하는 것을 우리는 종종 본다. 상대방이 고뇌하고 심사숙고한 답변이 나오도록 하는 것이 우리 모두의 심금을 울리는 좋은 질문이 될 수 있다.

다섯째, 질문은 현재와 미래지향적인 것이 좋다.

우리는 상대방의 과거에 너무 얽매여 한 발자국도 앞으로 나가지 못하게 하는 경우를 왕왕 본다. 지나간 과거를 교훈 삼아 앞으로 어떻게 해야 할 것인지를 물을 때 그것은 심금을 울리는 좋은 질문이 될 것이다.

나는 가끔 어떻게 하면 질문을 잘할 수 있는지 방법을 알려달라고 요청받는다. 질문과 관련된 책을 읽어도 잘 모르겠다는 것이다. 질문은 하고 싶다고 해서 억지로 되는 것이 아니다. 좋은 질문은 상대방의 입장이 되었을 때 가능하다.

'만약 내가 상대방이라면 어떻게 할까, 어떤 생각이 들까, 어떤 방법을 찾을까?' 상상력을 동원하는 평소의 훈련이 필요하다. 결론적으로 상대방에 대한 공감과 배려가 있을 때 부담 없이 질문다운 질문을 할 수 있다고 말할 수 있다.

8
질문 시 바람직한 보디랭귀지

우리는 질문하는 사람의 태도를 보면서 많은 것을 생각하게 한다.

"저 사람은 말은 잘하는데 왜 태도가 저 모양일까?"

"저 사람은 질문은 잘하는데 너무 잘난 척해서 상대방을 깔보는 것 같아 싫어."

"저 사람은 자기 말이 끝나면 들으려는 자세가 전혀 없어."

"저 사람은 질문할 때마다 얼굴을 찡그리니 옆에서 듣는 내가 왠지 불편해."

이처럼 질문하는 사람이 어떻게 질문하는가도 중요하지만 어떤 태도로 하느냐도 못지않게 중요하다.

1. 팔짱을 끼지 말라.

2. 응답자를 향해 정면으로 바라보라.

3. 질문의 시작과 끝은 상대방과 눈을 맞추라.

4. 바로 서거나 등을 곧게 펴고 질문하라.

5. 바닥에 두 발을 붙이고 서거나 앉아라.

6. 몸을 움직이거나 흔들지 말고 초조함을 드러내지 말라.

7. 질문이 끝나면 몸을 약간 앞으로 숙여라. 이것은 답에 관심이 있음을 나타낸다.

8. 편안한 얼굴 표정을 지어라. 찡그리거나 입술을 오므리거나 깨물거나, 곁눈질하거나 불편한 모습을 보이지 말라.

9. 상대방의 말을 가로막으려는 움직임을 보이지 말라.

10. 옆 사람과 잡담하지 말고 답을 들을 준비가 되어 있듯이 보여라.

11. 손가락질을 하며 말하지 말라.

우리는 질문에 관해 스스로 돌아볼 필요가 있다. 평소 나는 어떤 스타일의 질문자일까?

"나는 공격형 질문자일까?"

"나는 비난형 질문자일까?"

"나는 우호형 질문자일까?"

"나는 협력적 질문자일까?"

"나는 합리적 질문자일까?"

"나는 빈정형 질문자일까?"

"나는 무시형 질문자일까?"

9 다양한 질문법

　　리더의 역할은 쉽고도 어려운 것이다. 과거에는 리더가 다른 사람보다 많이 배우고 알고 있었다. 또 정보도 거의 혼자 독점하다시피 했다. 그러니 리더가 하라는 대로 따라 하기만 해도 되는 시대였다. 리더가 하나하나 가르치며 이끌기란 시간 낭비처럼 보였을 것이다. 그뿐 아니라 아랫사람에게 맡겨두기에는 하는 일 자체가 미덥지 않게 생각되기도 했을 것이다.

　　요즘은 시대가 많이 변했다. 필요하면 세계 요소요소의 정보를 즉시 알 수 있다. 오히려 디지털 세계에 익숙한 젊은이들이 리더보다 더 많은 것을 접할 수 있는 게 현실이다. 그렇다고 일을 해나가는 데 있어서 지시를 안 할 수도 없다.

　　이때 필요한 것이 질문을 활용한 지시 방법이다. 사람은 지시나 명령을 받으면 일을 하면서도 기분이 썩 좋지 않다. 지시나 명령은 상대방을 존중

한다는 느낌이 없기 때문이다. 지시할 내용을 상대방이 스스로 답을 내도록 할 수만 있다면 그 효과는 생각보다 엄청나게 크지 않을까. 예를 들면 다음과 같다.

김 과장 박 대리, 그날그날의 판매 상황을 보고하는 것은 당연한 거 아니야?
박 대리 예, 맞습니다.
김 과장 지금보다 상세히 보고하게 된다면 문제 될 것이 있나?
박 대리 그렇지는 않습니다.
김 과장 그러면 내일부터 판매 상황을 자세히 제출할 수 있나?
박 대리 네, 알겠습니다.

이렇게 되면 박 대리는 마지못해 하는 격이 된다. 질문이 폐쇄적이고 즉답형이며 명령조로 이뤄졌기 때문이다. 이번에는 상황을 바꿔서 질문해 보자.

김 과장 박 대리, 전임 과장은 그날그날의 판매 상황을 어떻게 파악했나?
박 대리 지금처럼 판매결과 보고를 간단히 받았습니다.
김 과장 그렇군, 그것의 장점은 무엇인가?

박 대리 시간이 절약되고 상당히 자유로웠습니다.

김 과장 그럴 수 있겠네. 그 과정에서 어려웠던 일은 없었나?

박 대리 판매진행 상황을 종합적으로 파악하는 사람이 없으므로 문제 발생 시 의견이 제각각이었습니다.

김 과장 그러면 뭔가 좋은 방법이 없을까?

박 대리 매일 판매상황을 자세히 보고받고, 과장님께서 전체를 그때그때 파악하는 편이 좋을 것 같습니다.

김 과장 알았어. 그러면 그렇게 하도록 할까?

이쯤 되면 박 대리도 다른 판매부원도 거부감 없이 상세히 보고하게 된다. 김 과장은 의견을 내지 않고도 원하는 결과를 얻을 수 있게 되었다. 이것이 바로 질문의 힘이다.

▼
상대방의 말을 되묻는 확인질문

사업상의 이야기를 하거나 일반적인 대화를 할 때 중요한 것 중의 하나가 바로 되묻기 질문이다. 이야기는 한쪽만 해서는 진행이 안 된다. 먼저 상대방의 이야기를 침착하게 듣고 이해한 다음 나의 이야기가 이어져야 한다. 이때 도움 되는 것이 상대방의 말을 되묻는 질문이다.

상대방의 이야기를 묵묵히 듣기만 해서는 곤란할 때가 많다. 말하는 내용이 잘 전달되고 있는지 상대방은 안심이 안되기 때문이다. 상대방이 이야기 도중 이쪽은 가끔 머리를 끄덕이거나 "응, 응" 하고 있기는 한다. 하지만 과연 확실하게 이해하고 있는지 확신이 안 설 수 있다. 또 이야기가 장황하게 길어지다 보면 내용의 초점을 잃어버리게 되기도 한다.

그러면 어떻게 해야 좋을까? 가장 좋은 방법은 상대방의 이야기 내용을 자신의 언어로 정리하여 되묻는 것이다. 확인 질문법이다. 이것을 코칭에서는 재구성Paraphrasing이라고 한다. 예를 들면 상대가 길게 한 차례 이야기하고 나면 다음과 같이 질문을 한다.

"지금 말씀하신 것은 ~라고 하는 것으로 이해(또는 요약)해도 되겠습니까?"

또는

"지금 당신은 ~에 대해서 무척 걱정(또는 노력 등)하고 계시군요."

내가 재구성한 내용이 상대방의 의중과 일치한다면 상대는 "잘 이해하고 있구나" 하고서 안심한다. 만일 다르다면 "아니다. 그것은 이러이러 한 것이다" 하고 나를 이해시킬 수 있다.

이 과정이 끝나면 다시 같은 방법으로 질문한다. 이것을 반복하면 상대방은 내가 자신의 이야기를 완전히 이해하고 있다고 확신하게 된다. 만약 상대방의 이야기가 이해되지 않는다면 솔직하게 다음과 같이 질문한다.

"~점에 대해서는 잘 이해가 안 됩니다. 다시 한 번 설명해주시겠습니까?"

그러면 상대방은 내가 진지하게 적극적으로 경청하고 있다는 안도감에서 이야기를 술술 풀어가게 된다. 그렇다고 이야기가 한 차례 끝날 때마다 재구성을 하라는 것은 아니다. 결국 가끔 하는 것이 효과적이라고 할 수 있다.

이때 주의할 점은 내용을 간결하게 정리하여 질문하는 것이다. 재구성이 길어지면 질문의 초점이 흐려지게 된다. 그러면 상대방은 나를 이해시키려고 다시 장황하게 이야기를 늘어놓을 수밖에 없다. 이렇게 해서 이야기를 빠짐없이 잘 들어주면 상대방은 만족해한다. 그리고 이번에는 상대방도 나의 이야기를 귀담아 들어주려는 자세를 갖게 된다. 경청과 재구성 질문이 가져다주는 대화의 힘은 이렇게 해서 생겨나기 시작한다. 이렇게 되면 아무리 어려운 문제라도, 아무리 어려운 상대라 하더라도 대화로서 풀어나갈 수 있는 길이 열리기 마련이다.

▼
발상의 전환을 위한 질문법

우리는 어떤 일을 계획하거나 일을 진행시킬 때 도저히 생각이 안 나서 끙끙거릴 때가 있다. 한 발자국도 앞으로 나가지 못하여 답답한 나머지 죄 없는 가슴만 두드리곤 한다. 그것은 개인적인 일, 사업상 또는 몇 사람이 만들어 낼 기획업무 등 언제 어디서나 발생될 수 있다.

이럴 때 스스로에게 또는 주위 멤버들에게 색다른 질문을 던짐으로써 미로에서 헤어날 수 있게 할 수 있다. 그것은 입장을 바꿔서 생각해보게 하는 발상의 전환질문법이다. 소위 관점전환 질문법이라고도 할 수 있는 것이다.

비즈니스 문제라면 '고객의 입장에서 보도록 하는 것'이다. 가령 고객이 어린아이라고 가정해보자. 가장 먼저 필요한 것은 아이의 눈높이에서 바라보는 것이다. 그래서 "어린이들은 이 제품을 어떻게 볼까?" 하고 질문한다. 즉 아이의 입장에서 생각하고, 아이의 입장에서 보고 구매해 본다는 것이다. 그러면 지금까지와는 전혀 다른 새로운 면이 보일 것이다.

또 다른 예를 하나 더 들어보자. 새로운 기획을 하는데 도저히 생각이 안 나는 경우를.

"이건희 삼성 회장이라면 이것을 어떻게 풀어갈까?"

"그가 나라면 나에게 어떤 조언을 해줄까?"

"한 발자국도 앞으로 못 나가는 친구가 있다면 나는 그에게 무엇이라고 말할 수 있을까?"

일보 물러서서 입장을 바꿔 객관적 시각으로 보도록 질문한다는 것이다. 만약 리더가 새로운 정책을 펴나갈려고 한다고 하자. 그러면 거기에는 그것과 관계되는 사람 또는 집단이 있기 마련이다. 정책 수행 부서가 있고, 수혜를 받거나 직접 관계되는 사람들이 있을 것이다. 이 경우 리더는 정책집행 전에 다음과 같은 입장전환 발상의 질문을 스스로에게 던져봐야 한다.

"내가 대상자라면 이것을 어떻게 생각할까?"

"그들은 이 정책이 정당하고 타당하다고 볼까?"

"그들이 진정으로 바라는 것은 무엇일까?"

"솔로몬이 본다면 그는 나에게 뭣이라고 말해줄까?"

"먼 훗날 역사는 나를 어떻게 평가할까?"

"이 정책은 정말 나의 사유화된 권력이 아닌, 사회화된 권력을 위해 필요한 것인가?"

이 질문법은 코칭에서 많이 사용된다. 이것은 누군가가 생각이 맴돌기만 하는 함정에 매몰되어 빠져나오지 못할 때 적격이다. 다른 사람의 입장에서 문제를 보도록 한다. 그들이 무엇을 요구하고 있는지, 어떻게 해결하고 싶어 하는지를 당사자의 입장을 떠나서 보도록 하는 것이다.

이렇게 되면 막혔던 것이 풀리기 시작한다. 자신의 결정에 자신감도 가질 수 있다. 부족한 부분을 메워나가면서 강한 동기부여로 돌파구를 열게 하는 역할을 하게 되는 게 바로 발상의 전환질문법이다.

어떤 때는 코칭하는 중 예상 외의 답이 되돌아오는 경우도 있다.

김 과장 어떻게 이런 참담한 결과가 나왔나?

이 대리 과장님이 잘못 판단하신 것 아닙니까? 이렇게 하라고 하셨잖아요(과장님이 아시다시피 부장님께서 어떻게든 해보라고 하셨지 않았습니까?).

이쯤 되면 서로가 말문이 막히든지 언쟁이 벌어질 수밖에 없다. 이럴 때 코칭스킬을 활용해야 한다.

"나의 판단 미스군. 그러면 어떻게 하면 좋을까?"

"자네가 나의 입장이라면 이것을 어떻게 하면 좋다고 생각하나?"

"이 실패를 교훈으로 성공시키려면 어떻게 하는 게 좋다고 생각하나?"

그러면 언쟁 대신 좋은 코칭 커뮤니케이션으로 연결되어 분위기가 창조적 모드로 전환하게 된다.

이야기하다 보면 불평불만이 가득하여 화를 못 참는 사람을 만나기도 한다. 이럴 때에는 다음과 같이 하면 된다.

"지금의 상황을 최악이라고 보시는군요. 그런 중에도 뭔가 한 가지 희망은 없을까요?"

"지금의 상황을 기회로 반전시킬 묘안은 없을까요?"

이렇게 긍정적인 해답이 나오도록 질문한다.

상대의 가슴을 뛰게 하라
– 행동유형별 솔루션

chapter 3

상대의 가슴을
뛰게 하라
- 행동유형별 솔루션

1
계획이 실천으로 연결되게 하라

코칭의 근본 목적은 인간 계발이다. 내 안에 잠자고 있는 거인을 깨워 스스로 생각하고 말하고 계획하며 실행에 옮기도록 하는 것이다. 그렇게 하기 위해 먼저 자신을 돌아보고 스스로 변화하며 성장하도록 도와준다. 또 한편으로 코칭은 문제해결을 도와줌으로써 목표를 달성하여 보람 있고 충만한 삶을 살아가도록 한다.

여기서 나의 무지했던 과거를 고백하지 않을 수 없다. 나는 대학 강단에서 오랫동안 학생들과 이야기할 기회가 많이 있었다. 학생들과는 여러 주제를 가지고서 대화를 하였다. 대화는 몇 차례 질문과 답으로 이어진다. 그러나 이내 내 경험담이나 나의 의견을 피력하는 것으로 끝나는 게 대부분이었다. 가르치는 사람의 특성상 이래라 저래라 하고 지시하는 것에 익숙해 있으니 그럴 수밖에 없었다고 변명할 도리밖에 없다.

그 일을 해야 하는 것은 다른 사람 아닌 바로 학생 자신이다. 그런데 학생 자신의 생각은 뒷전으로 미뤄두고 늘 내가 답을 주는 것이었다. 가끔은 학생들의 상황에 맞지 않은 답을 줬을 가능성도 있었으리라. 그래도 학생들은 교수에게 뭐라고 할 수도 없으니 울며 겨자 먹기 식으로 받아들이지 않았을까. 또 학생들로서도 어서 빨리 좋은 답이 나오기를 바라니 대화 순서는 늘 내가 중심이 되는 천편일률적인 방법이었다. 경우에 따라 학생들이 어떻게 해나가는지 중간 점검 또는 결과를 알아보는 게 고작이었다. 기본적인 대화기법을 모르니 늘 그 수준의 반복이었음을 이제 와서 늦게나마 고백을 한다.

그러면 코칭대화Caching Conversation란 무엇인가 하고 의문을 갖게 될 것이다. 우리가 평상시 하는 대화는 무의식적으로 하는 것이 많다. 특별히 별 생각 없이 툭툭 던지는 것처럼. 그러나 내가 하는 말, 단어, 질문 그리고 문장 하나하나가 상대방에게 동기를 부여하고 상상력을 동원하여 실행시킬 수 있는 능력을 끌어낼 수 있는 것이라면 그것이 바로 코칭대화이다. 즉, 일반적 대화라도 거기에 코칭스타일을 가미하면 그것이 코칭대화가 된다. 이를테면,

"열심히 하고 있어요?"

"예."

"좋은 성과를 내도록 하세요."

"네, 알겠습니다."

이러한 대화는 우리가 늘 무의식적으로 하는 것의 일례이다. 대신에
"일의 진전은 어때요?"
"예, 열심히 하고 있습니다."
"서 대리 나름대로 조금 더 성과를 올릴 수 있는 방법이 있다면 또 어떤 것이 있을까?"

이와 같이 질문하는 것은 코칭커뮤니케이션의 방법이다.

우리가 일상에서 가볍게, 아주 간단히 대화를 나눌 때 코칭스킬을 사용하는 것만으로도 그 효력은 배가 될 것이다. 하지만 충분한 시간(30분~1시간 정도)을 갖고 코칭을 한다면 되는 대로 대화를 해서는 효과가 없다. 고귀한 시간만 흐를 뿐이다. 그것이 코칭대화모델이 필요한 이유이다.

코칭대화는 이야기가 엉뚱한 방향으로 흘러가지 않고 제대로 길을 가도록 도와주는 프로세스이다. 코칭은 목표를 명확하게 하고 현실을 파악하게 한다. 목표와 현실과의 간극Gap을 알고 그 간극을 좁혀나가도록 한다. 해결방안을 찾고 난 후 그것을 실행으로 옮기게 한다. 이 과정에서 장애가 되는 것이 있다면 그것을 극복할 수 있는 방법도 강구하도록 하는 것이 기본 프로세스이다. 코칭만이 갖는 특유의 단계라기보다는 코칭 기법을 활용하여 보다 효율적으로 인간과 조직이 갖고 있는 문제를 해결하는 프로세스 같은 것이라고 할 수 있다.

코칭은 어디까지나 상대방의 자발성을 끌어내기 위해 쌍방향 커뮤니케이션을 통하여 이루어진다. 여기에는 질문과 경청이라는 가장 원천적인 스

킬을 이용하여 상대방이 스스로 해결하고 책임을 지도록 한다. 코칭 커뮤니케이션에 있어서는 질문과 경청 외에도 라포 형성, 칭찬, 인정, 신뢰, 중립적 언어, 임파워링, 스토리텔링, 비전, 승인, 직관, 요약, 탐색 등 많은 스킬들이 동원된다. 이러한 여러 가지 스킬들이 원활하게 사용되면서 코칭대화가 순조롭게 진행될 수 있다.

일반적인 대화는 다음과 같다.

"부장님, 이번 프로젝트 꼭 완성하겠습니다."

"그래, 열심히 해. 꼭 잘되길 바란다."

반면에 코칭은 단순한 이야기로 끝나는 게 아니라 행동까지 연결시키는 데에 강점이 있다.

"부장님, 이번에는 이 프로젝트를 꼭 완성하겠습니다."

"그래, 그 프로젝트의 목적은 무엇인가, 그것을 위해 어느 정도 준비는 되어 있나, 무엇을 더 준비해야 하나, 그것의 완성에 어려운 점이 있다면 무엇인가, 내가 뭐 도와줄 것이 있나, 언제쯤 완성이 되겠나?"

"3개월 이내에 완성하도록 하겠습니다."

1개월쯤 지난 후,

"진전은 어떻게 되고 있나?"

"잘 안되고 있습니다."

"그래, 어떤 상황인가? 왜 진행이 잘 안되고 있나?"

"~이유 때문에 일이 더딥니다."

"효율적으로 진척시키려면 어떻게 하면 좋겠나, 어떻게 하면 계획대로 일을 마칠 수 있겠나?"

이때 부하가 전혀 아이디어를 갖고 있지 않을 때는 상사가 답에 도움이 되는 힌트를 줄 수도 있다. 3개월 후,

"부장님, 드디어 완성되었습니다."

"대단한 능력과 추진력을 갖고 있구만. 이 프로젝트는 우리 조직에 큰 역할을 할 거야."

코칭은 끝까지 밀고 나갈 수 있도록 지원하므로 실천의 행동학 범주에 속한다고도 할 수 있다. 그러므로 체계적인 코칭을 위해서는 기본이 되는 코칭대화모델이 필요한 것이다.

2 파도(PARDO+F)모델

코칭에서 대화모델로 사용되는 것으로는 여러 가지가 있다. 각 대화모델마다 나름대로 특성이 있어 상황에 따라 그것에 맞게 사용된다. 국제코치연맹ICF 한국코칭센터에서 실시하고 있는 '초/가/집/장/마' 즉, 초(초점 맞추기), 가(가능성 발견), 집(실행계획 수립), 장(장애요소 제거), 마(마무리) 모델도 널리 쓰이고 있는 것 중의 하나이다. 여기서 코칭대화모델을 모두 소개하고 설명하는 것은 지면 관계상 생략하기로 한다.

대신에 내가 공부하고 검토하는 과정에서 초가집장마 모델을 토대로 조금 수정하여 새롭게 내놓은 모델을 소개하고자 한다. 파도PARDO+F모델이다.

PARDO의 P는 초점Point이다. 이것은 목표를 분명하게 하기 위해 초점을 맞추는 단계이다. A는 현실Actuality을, R은 근본원인Reason을, D는 해결방안Devices을, O는 장애극복Overcome을 그리고 F는 성찰Feedback을 의미한다.

코칭대화는 모델에 맞춰 바로 시작하기보다는 상대방을 코칭모드로 전환시키는 게 먼저이다. 코칭은 평소 자신이 드러내지 않던 자신의 내면을 보이게 되므로 누구에게나 경계심과 방어본능이 있게 마련이다. 그러므로 갑자기 "코칭 시작합시다" 하고 시작하면 "뭐 이런 사람 다 있나, 당신이 뭔데?" 하며 반항심이 생길 수 있다. 아무리 가까운 상하관계라 하더라도 처음에는 몇 마디 가벼운 이야기부터 시작한다. 무장해제를 시키는 것이다. 이것을 '라포Rapport'라고 한다. 라포가 제대로 형성이 되어야 대화가 조금씩 진행될 수 있기 때문이다.

이때 던지는 몇 마디의 말은 긍정적이고 얼굴에 웃음이 띨 수 있는 내용인 것이 좋다. 특별히 의식하지 않고 무의식적인 가벼운 대화라고 생각하면 된다. 예를 들면,

"요즘 어떻게 지내세요?"

"건강이 좋아 보이십니다."

"새로운 사업을 시작하셨다고 하던데 축하드립니다."

이 정도로 가볍게 인사 겸해서 이야기를 나눈 다음,

"그러면 지금부터 코칭을 시작해도 괜찮겠습니까?"

"모처럼 귀중한 시간을 내셨으니 좋은 결과가 나올 수 있도록 함께 노력하기로 해도 좋습니까?"

이러한 질문은 어디까지나 상대방을 존중하고 무리하게 진행하지 않는다는 서로 간의 의사표시이고 약속이다. 이 오프닝 과정을 마치면 바로 코

칭대화로 들어간다.

여기에 제시된 코칭대화모델PARDO+F에서의 초점P은 목표의 명확화이다. 목표가 분명해야만 대화가 한 방향으로 나갈 수 있다. 모든 것을 실현하고 달성하는 열쇠는 목표설정이다. 목표를 명확하게 설정하면 그 목표는 신비한 힘을 발휘한다. 목표는 불타는 욕구와 강렬한 자신감을 불러일으킨다. 인내심을 유발시킨다. 그러므로 초점 맞추기에서의 목표설정은 필수이다.

해결하고자 하는 내용이 너무 방대하거나 추상적이어서 제한된 시간 또는 기간 내에 코칭하기가 어려운 경우가 있다. 코칭을 받는 입장에서 한 번에 명답을 찾아내 끝내려는 생각이 있었음을 왜 모르겠는가. 그러나 우리가 맞이하는 현실이나 가고자 하는 목표는 생각만큼 그렇게 간단한 게 아니다. 너무 욕심을 부리면 어느 것 하나 제대로 풀어내기가 어렵다. 그러므로 대화할 내용의 초점을 좁혀 원하는 결과를 도출할 수 있도록 하는 게 가장 중요하다. 초점이 명확하게 맞춰지면 그 코칭대화는 일단 성공적으로 이뤄질 가능성이 높다. 코칭대화의 첫 관문이 바로 초점 맞추기임을 강조하는 것이다.

성공하는 사람들의 특징은 목표와 초점이 분명하다는 것이다. 목표는 불타는 욕구와 자신감을 불러일으키고 확실한 결정을 내리도록 돕는다. 목표와 초점이 분명할수록 더 멀리 그리고 더 빨리 더 많은 것을 얻게 된다.

초점 맞추기를 위한 질문방법에는 여러 가지 있을 수 있는데 몇 가지만 소개하기로 한다.

"오늘의 (코칭)주제는 무엇으로 할까요?"

"이 주제로 이야기를 계속해도 괜찮겠습니까?"

"그 부분에 대해 조금 더 구체적으로 말씀해주시겠습니까?"

"오늘의 코칭에서 어떤 결과를 얻고 싶습니까?"

"당신의 목표는 무엇입니까?"

"그것은 당신의 가치관과 어떤 관계가 있습니까?"

"그것이 이뤄진다면 당신의 삶에 어떤 영향을 미치게 됩니까?"

현실$_A$은 상대방을 둘러싸고 있는 현재의 상황이다. 코칭에서는 이 부분을 아주 중요하게 여긴다. 코칭에서 집중해야 할 사람은 바로 앞에 있는 코칭 받는 사람이다. 코칭에서 말하는 누구$_{Who}$가 바로 여기에서 심도 있게 다뤄질 수 있기 때문이다. Who에 대한 경청과 질문이 적절하게 이뤄진다면 해결방안은 자연히 도출될 수 있다. 어쩌면 코칭 시간의 대부분이 여기에 집중된다고 보면 될 것이다.

현실에서 내가 누구이고 내가 알고 있는 문제점과 어떤 관계가 있는지, 내가 알고 있는 현실과 목표 사이에는 어느 정도의 간극$_{Gap}$이 있는지 등을 종합적으로 점검하는 단계라고 할 수 있다. 현실에 대한 질문의 예로는,

"그것에 대한 현재의 상황은 어떻습니까?"

"지금 상황이 지속되면 어떤 일이 벌어질까요?"

"한발 물러서서 보시죠. 상황이 어떻게 보이십니까?"

"문제점이 있다면 무엇입니까?"

"그것에 대해 사람들은 어떻게 보고 있습니까?"

"현재 어디에 시간을 쓰고 있습니까?"

"당신의 삶은 누가 책임지고 있습니까?"

"모든 것이 가능하다면 당신은 이 시점에서 어떤 일을 하시겠습니까?"

"목표를 달성하기 위해서는 어떤 것들이 필요합니까?"

"필요도가 높은 순서대로 정리해주시겠습니까?"

"그것을 위해 필요한 스킬은 무엇입니까?"

"시간과 비용 면에서는 어떻습니까?"

"무엇을 학습하지 않으면 안 됩니까?"

"목표를 10으로 본다면 지금의 상황은 몇 점 정도인가요?"

"지혜로운 사람이 있다면 당신에게 뭐라고 할까요?"

"당신이 롤모델로 삼고 싶은 사람이 있으신가요?"

"그 분의 장점은 무엇인가요?"

"당신의 장점은 무엇인가요?"

"당신은 그 장점을 여기에 어떻게 활용하시겠습니까?"

"당신은 따님이 어떻게 되기를 바라십니까?" 등

상대방이 실마리를 찾지 못해 전전긍긍하고 있을 때는 주변으로 시야

를 넓히게 힌트를 주는 방법도 있다. 이를테면,

"이 문제에 대해 잘 알고 있는 분이 주위에 계시다면 누구일까요?"
"조금이라도 협력해줄 사람은 없습니까?"
"뭔가 참고 될 만한 자료는 없습니까?"
"어떤 책을 읽으면 도움이 될 것 같습니까?"
"인터넷으로 검색해보셨습니까?"
"도움이 될 만한 강좌는 없겠습니까?"

현실에 대한 질문은 무궁무진하다.
"당신은 10년 후 어떤 사람으로 기억되고 싶습니까?"
"당신은 어떤 엄마로 기억되고 싶습니까?"
"먼 훗날 사람들은 당신을 어떻게 살았다고 할까요?"

현재의 자신을 미래에까지 연결시킨다. 발산적 사고력의 활용이다. 이것은 보다 더 나은 삶을 살아야겠다는 각오를 스스로 다지게 만드는 역할을 한다.

여기에서는 어떻게 느끼는지를 묻는 질문도 괜찮다. 예를 들면,
"그 일이 이뤄졌을 때 어떤 느낌이 들겠습니까?"
"누가 가장 좋아할 것 같습니까?"
"그 일이 이뤄졌을 때 누구에게 가장 먼저 알리고 싶습니까?"
"그분은 당신에게 뭐라고 할 것 같습니까?"

"주변에서는 당신에게 어떤 말을 할 같습니까?"

이러한 질문들은 어떤 어려운 환경에 부딪치더라도 반드시 이뤄내고야 말겠다는 강한 자기설득을 하게 하는 과정이 될 것이다.

사람들은 종종 자신의 참 모습과 자기가 서 있는 자리가 어떤 위치인지, 자신이 어떤 곳을 향해 나가고 있는지를 모른다. 현실에서는 이것과 관련된 질문을 해도 좋다. 일종의 성찰질문이다. 이를테면,

"당신은 누구십니까?"

"당신의 삶은 누구를 위한 삶입니까?"

"당신이 지금 있는 자리는 어떤 자리입니까?"

"당신은 지금 어디를 향해 가고 있습니까?"

"당신이 하는 일은 주변에 어떤 영향을 주고 있습니까?"

과거의 좋은 경험을 되살리는 방법도 있다. 예를 들면,

"과거에 배운 것 중 이번 일에 적용시킬 수 있는 것이 있다면 무엇입니까?"

"과거에도 이번 일과 비슷한 상황이 있었습니까?"

"그 일을 어떻게 처리해서 문제를 극복했습니까?"

"과거의 경험이 당신에게 주는 교훈은 무엇입니까?"

코칭의 핵심은 변화를 일으키게 하는 것이다. 변화를 촉진시키는 질문

의 예로는,

"당신은 정말로 변화를 하시겠습니까?"

"그렇다면 언제부터입니까?"

"그것을 위한 제일보는 무엇입니까?"

"만약 당신이 변화를 한다면 어떤 일이 일어날까요?"

"만약 변화를 하지 않는다면 어떻게 될까요?"

"변화를 하지 않을 경우 당신이 얻는 것은 무엇입니까?"

어떤 문제를 탐구하는 데에 도움이 되는 것으로 'SWOT분석'이라는 것이 있다. 여기에서 SWOT는 강점Strength, 약점Weakness, 기회Opportunity, 위협Threat을 뜻한다. 이것을 활용하는 질문의 예로는,

"이 사항의 강점과 약점은 무엇인가?"

"당신은 강점과 약점 중 어느 것을 더 믿나?"

"그것이 갖고 있는 기회와 위협은 무엇인가?"

"당신은 기회와 위협 중 어느 것을 더 신뢰하나?"

"이들 중 당신이 기대하는 것은 무엇인가?"

"이들 중 불안이나 두려움을 느끼는 것이 있다면 무엇인가?"

근본원인R은 초점과 목표 사이에 있는 간극Gap 원인이 어디에 있는지를 검토하는 단계이다. 코칭에서는 가능한 한 상대방이 절대적으로 긍정적인 면만을 선택하도록 할 수도 있다. 그러다보면 현실에서의 불만이나 부정

적인 감정상태의 영향을 간과하고 넘어갈 수가 있다. 그러므로 코칭에서는 상대방의 미래지향적인 감정과 부정적인 감정을 모두 끌어내어 활성화시킬 필요가 있다. 그것들을 목표달성을 위한 기회로 활용하는 것이 중요하다. 목표달성을 위한 변화의 몸부림은 자신에게 있는 불안과 부정적인 감정을 일단 털고 넘어서야 한다. 때로는 억눌린 인간의 본성과 화를 표면으로 끌어내어 그것을 밖으로 토해내도록 하는 것이 중요하다. 그리고 나서 분노를 뛰어넘어 긍정의 토대로 승화시켜야 한다. 근본적인 원인을 밝히고 그것을 뛰어넘는 내면적 동기부여와 용기를 끌어내는 것은 피할 수 없는 단계이다.

현실에서 야기되는 문제점들의 원인이 어디에 있는지를 짚고 가는 과정은 그래서 필요하다. 좋은 해결방안을 세우려면 근본원인에 대한 분석이 있어야 한다. 이것의 질문의 예로는,

"그것은 원인이 무엇입니까?"

"그 원인은 어디에 있다고 보십니까?"

"그 원인으로 어떤 결과를 낳았습니까?"

"그 원인은 어떻게 하면 해소될 수 있다고 보십니까?"

"그 원인은 전혀 해소될 수 없는 것입니까?"

"그 원인을 해소하기 위해 당신이 해야 할 일은 무엇입니까?"

"그 원인이 시사하는 바는 무엇입니까?"

물론 미래를 향한 기획설계인 경우는

"그것을 해야 하는 이유가 무엇입니까?"로 물을 수 있다.

해결방안D은 어떻게 하면 목표를 달성할 수 있을까를 계획하고 그 실행방안을 세우는 단계이다. 해결방안이 어떻게 진행되느냐에 따라 목표가 성공할지 실패할지 결정되므로 상당한 숙고가 필요하다. 이것의 질문의 예로는,

"그것을 실현시키기 위해서는 어떤 방안이 있을까요?"
"지금까지 어떤 방안을 생각해 보셨습니까?"
"그중 가장 시급한 것은 무엇입니까?"
"그것은 언제부터 시작하겠습니까?"
"그것은 기한 내에 가능합니까?"
"최종 목표 날짜는 언제까지로 하겠습니까?" 등이다.

해결방안에서는 실행계획이 명확해야 한다. 흔히 사용되는 방법으로 SMART기법이란 것이 있다. 즉, 실행계획은 구체적S, Specific이고, 측정가능M, Measurable해야 하며, 실행가능A, Actionable하고, 현실적R, Realistic이면서 시한이 있는Timley 계획이라야 한다는 것이다. 이것은 기분에 들떠서 당치도 않은 계획을 무작정 세우지 않도록 하는 것이다. 또한 실행계획이 제대로 이행되고 있는지를 코치는 체크해 나가야 한다. 실행은 가능한 빨리 시작하도록 독려한다. 가장 파괴적인 단어가 '나중'이고 가장 생산적인 단어가 '지금'이다.

코칭에서는 실제로 상대방이 어떤 행동을 어떻게 실행할 것인지를 구체적으로 확인하는 것이 중요한 포인트다. 이를 위해 실행계획을 상대방이 종

이에 적어두도록 하는 것도 방법이다. 그러고 나서 상대방이 그것을 요약해서 이야기하도록 한다. 이것은 나중에 서로 간의 의견 차이가 없도록 하기 위한 것이다. 또한 그것을 다시 요약하도록 하는 것은 스스로 결정한 것에 대해 책임을 지고 해내겠다는 것을 암암리에 약속하는, 소위 자기 성취적 예언을 하도록 하는 것이다.

다음은 의지를 확인하는 것이 중요하다. 이때 상대방이 Will을 쓰느냐, Try를 쓰느냐에 따라 의지의 강도가 다르게 된다는 것을 명심해야 한다. 가령,

코치 ~한 계획으로 실행하시겠다는 것이군요?
A 네, 그렇습니다. 그렇게 하겠습니다.
B 예, 그렇습니다. 해보겠습니다.

여기에서 A와 B의 차이는 무엇일까. A에는 어떤 역경과 난관에 부딪치더라도 반드시 하고야 말겠다는 강한 의지가 들어 있다. 일종의 자기선언인 것이다. B에는 '노력은 했지만 안 됐다. 죄송하다'라는 변명이 돌아올 수 있는 여지가 있다. 그러므로 Will의 뜻인 '하겠습니다'라는 이야기가 반드시 나오도록 해야 한다.

실행계획대로 진행이 잘 안되고 있을 때도 확인은 반드시 필요하다. "상

대방이 하겠다고 했으니까 당연히 잘하겠지"라고 생각해서는 안 된다. 잘 되고 있을 때는 "과연 다르군. 대단하다. 어려움을 잘 극복하고 있구나. 이런 상태라면 기한 내에 목표를 달성할 수 있을 거야" 등과 같이 인정이 필요하다.

상대방은 지금까지의 성과에 기분이 들뜰 수 있다. 이때 구체적으로 확인하는 과정도 필요하다. 이것은 지금의 기쁨이 더 큰 기쁨으로 승화될 수 있도록 하기 위한 정리과정으로 봐도 좋다. 이를테면,

"목표를 100점으로 봤을 때 지금의 성과는 어느 정도인가?"

"60점 정도입니다."

"앞으로 어떻게 하면 40점 정도를 더 올릴 수 있을까, 계획에 또 다른 특별한 방법이 있는가, 그것을 위해 우리가 도울 수 있는 일이 있다면 무엇인가, 그것은 기한 내에 가능한가?"

또한 "코치(리더)는 그 계획이 제대로 수행되고 있는 것을 어떻게 알 수 있을까?"라고 질문을 한다. 이것은 상대방 스스로가 이야기한 것을 하나씩 차곡차곡 잘하고 있는지를 확인하기 위한 과정이다.

만약 차질이 있을 경우 다음과 같이 질문한다.

"일의 진척이 잘 안되고 있군요. 어떻게 해서 진행이 안되고 있습니까?"

"무엇에 문제가 있습니까?"

"이번에 꼭 실행을 하려면 어떤 것이 필요합니까?"

성찰은 코칭 시간에 있었던 것에 대해 느낀 점, 배운 점, 그리고 스스로

의 다짐을 하는 마지막 단계이다. 티칭이나 컨설팅 등에서는 전문가가 이것을 직접 복습해주며 이야기하지만, 코칭에서는 코칭 받는 당사자가 직접 성찰하도록 한다. 이렇게 함으로써 다시 한 번 당사자가 자율성을 지키며 스스로의 성장을 촉진시켜 나가도록 하는 것이다. 이것의 질문의 예로는,

"오늘의 대화를 통해서 느낀 것(배운 것)이 있다면 무엇입니까?"
"오늘의 코칭대화를 간단히 종합하여 정리해 주시겠습니까?"
"오늘 무엇이 가치 있었고, 어떤 것을 얻었습니까?"
"오늘 대화 중 가장 기억에 남는 것은 무엇입니까?"
"오늘 대화에서 아쉬운 것이 있다면 무엇입니까?"
"다음 코칭은 언제로 할까요?"

이와 더불어

"당신은 그동안 많은 어려운 과정을 잘 이겨냈습니다. 이번 일도 당신의 끈기와 용기로 모든 것이 순조롭게 진행되리라고 믿습니다" 하고 인정과 격려를 하면서 끝낸다. 인정과 격려의 방법에는 여러 가지가 있다. 중요한 것은 내가 상대방의 입장이라면 "어떤 피드백을 받는다면 하고자 하는 마음이 생길 것인가?" 하고 상상력을 동원하는 훈련이 필요하다.

이렇게 하나의 주제에 대한 코칭이 마무리 된다. 그러나 코칭대화모델은 정형화된 것이 아니라 어디까지나 하나의 기본 프로세스에 불과하다고 할 수 있다. 실제 코칭에서는 단계를 넘나들며 해야 될 경우가 많이 발생하기

때문이다. 경우에 따라서는 도중에 코칭의 초점을 다시 맞춰 새롭게 시작해야 할 때도 있다.

지금까지는 PARDO+F모델이라는 양식을 가지고 이야기했다. 그런데 실전에서는 그 과정이 어렵다고 느껴질 수도 있다. 그렇다면 이 모델에서 2가지를 뺀 PAD+F만으로 사용할 수도 있다

3

DISC 진단

　　사람은 태어나면서부터 성장하고 오늘에 이르기까지 다양한 환경과 요인에 접하여 왔다. 그러면서 각자 나름대로 독특한 유형의 성격과 행동 스타일이 형성되었다. 그러한 성격과 행동양식은 어떤 일정한 경향으로 묶을 수 있다. 이것을 아는 것은 그 사람이 앞으로 어떻게, 어떤 방향으로 행동할 것인지를 예측할 수 있게 만든다.

　　상대방을 안다고 하는 것은 우리가 살아가는 데 대단히 중요하다. 그러나 얼마만큼 상대방을 알고 있느냐 하는 것은 만만치 않은 일이다. 그것은 지구상 70억 인구의 한 사람 한 사람이 각기 고유한 인격체여서 어느 누구도 같은 사람은 없기 때문이다. 가령 각자의 커뮤니케이션 정도와 방법만 알아도 관계하기가 편할 터인데 답답할 때가 한두 번이 아니었음을 우리는 많이 경험하고 있다.

사람들은 오래전부터 많은 요인들을 조합하여 사람을 어떤 독특한 유형으로 대별하고자 하는 노력을 해왔다. 그중 하나가 DISC 진단이다. 이 진단은 타당성을 인정받고 전 세계적으로 널리 사용되는 도구이다. 이것은 우리가 행동하는 방식을 통해 앞으로 어떻게 행동하고 어떤 감정을 나타낼 것이란 것을 예측할 수 있도록 고안된 것이다. 즉, 한 사람 한 사람이 갖는 행동 유형을 쉽게 알 수 있게 하는 방법이라고 할 수 있다.

DISC의 역사는 기원전 400년 히포크라테스에 의한 4가지 유형, 즉 낙천적, 우울함, 화를 잘 냄, 냉담함의 4가지 기질로 거슬러 올라갈 수 있다. 그 후 사람들 행동의 경향을 나타내는 유형 모델을 1928년 미국 콜롬비아대학 심리학 교수 윌리암 M. 마스톤William Moulton Marston 박사가 발표했다. 그는 《The Emotions of Normal People》이라는 저서를 통해 주도Dominance, 권유Inducement, 안정Steadiness, 순종Compliance의 머리글자를 딴 DISC라는 용어를 처음으로 사용했다.

그 후 DISC모델에 대한 연구와 개인 프로파일 시스템 개발을 계속하여 1972년 인스케이프 출판사가 세상에 내놓았다. 여기에서는 각자에게 처해진 환경을 절대적이고 비호의적으로 보느냐, 아니면 우호적이고 지원적으로 보느냐에 따라 행동경향이 다르다고 보아 환경에 대한 행동반응 묘사를 4가지로 나눴다. 즉 주도형Dominance, 사교형Influence, 안정형Steadiness, 신중형Conscientiousness이 그것이다.

행동패턴은 각기 다를지 모르나 각각의 인간성, 생각하는 방법, 커뮤니케이션 스타일 등을 시간에 걸쳐 관찰하고 이해한다면 의외로 예측이 가능하다는 것이다. 그러나 사람과의 관계에서 확실한 것은 없다. 어디까지나 가능성이 있을 뿐이다.

사람을 어떤 유형으로 나눠 거기에 맞추도록 하는 데에는 강한 불만이 나온다. 인간을 어떤 카테고리 속으로 집어넣으려 한다면 누구라도 저항을 하게 마련이다. 왜냐하면 인간이 갖고 있는 다양한 특징을 한 개의 차원으로 설명한다는 것 자체가 무리이기 때문이다. 그러므로 이 4개의 범주에 이름을 붙였다고 해서 그 이름으로부터 상상되는 부분만 주목해서는 안 된다. 그 스타일을 특정 지을 다양한 행동을 간과하지 않도록 주의할 필요가 있다.

우리는 어느 누구도 자신이 나타내는 행동 스타일에 늘 만족하는 사람은 없다. 사람들은 90% 이상이 자기 성격에 불만을 갖는다고 한다. 그러므로 자신의 행동을 후회하고 이럴 때 '저 사람과 같은 스타일을 갖고 있으면 얼마나 좋을까?' 하고 생각했던 것은 어디 나뿐이겠는가.

그렇다고 나의 스타일을 버리고 다른 사람과 같은 유형으로 갈아탈 수도 없는 노릇이다. 결국 이 세상에서 가장 좋은 행동유형을 어느 일개인이 모두 갖고 있을 수는 없다. 그래서 세상은 고르다. 나의 장점이 저 사람에게는 단점으로, 나의 단점이 저 사람에게는 장점으로 나타나고 있으니 세상은 재미있는 것이다. 나의 단점을 고친다고 거기에 주력하다보면 나의 본래의 모습은 사라져 버리고 만다. 그러므로 사람은 갖고 있는 장점을 최대로 살리면서 모자란 부분인 약점은 보완하는 차원으로 끌고 가려고 할 때 살맛이 난다.

　세상은 자신과 비슷한 성격이나 행동을 하는 사람과는 쉽게 가까워질 수 있다. 편하기 때문이다. 그러나 세상이 얼마나 다종다양한가. 나의 스타일과 다른 사람이 훨씬 많다. 그러니 살기가 쉽지 않은 것이다. 방법은 다른 유형의 사람과 관계를 맺을 때, 되도록 그때만이라도 그 사람 스타일에 맞춰 보려고 한다면 어떻게 될까. 훨씬 관계가 좋아질 것이다. 서로가 편할 것이다. 커뮤니케이션도 잘될 것이다. 일이 잘 풀릴 것이다. 이렇게 하는 것이 코칭이다. 그래서 코칭이 중요하다는 것이다.

　DISC 진단결과 사람이 어느 형으로 나왔다고 해서 그 형만의 특성을 갖고 있는 것은 아니다. 단지 그 형의 특질이 다른 형에 비해 많이 있다는 것에 불과하다. 어떤 사람은 4가지 형이 거의 비슷하게 나오기도 하고, 둘 또는 3가지 형이 비슷하게 나오는 경우도 있다. 자신이 어느 형으로 진단되더라도 장점과 단점이 똑 떨어지게 맞지 않기도 한다. 그러므로 누구에 대해서도 최초의 인식으로 고정관념을 가져서는 안 된다.

　무엇보다 신경 써야 하는 것은 어떤 스타일이 좋고 어떤 스타일이 나쁘다는 게 아니라는 것이다. 단지 각각이 다르다는 것뿐이다. 세상은 이처럼 다양한 유형이 있으므로 사회가 균형을 유지하는지도 모른다. DISC의 역사와 각 유형별 특징에 대해서는 한국코칭센터와 한국액션러닝 그리고 최효

진의 책 등에서도 단편적으로 기술하고 있다. 지금부터는 4가지 유형별로 각각의 특성과 그에 따른 코칭방법에 대해 자세히 살펴보기로 하자.

4
주도형의 특성과 코칭

주도형Dominance은 어떻게 하든지 일을 완성시키고 싶어 하는 형이다. 주도형은 다른 형에 비해 자아가 특히 강하다. 주도형은 주장이 강하고 빨리 행동하고 싶어 한다. 목표 지향적이고 추진력이 강하다. 주도형의 가장 큰 특징은 빠른 판단력이어서 의사결정을 빠르게 내린다는 것이다. 그만큼 머리 회전이 빠르다고 할 수 있다.

주도형은 공격적이고 고압적으로 말하며 경쟁에 강해 눈에 보이는 결과를 추구한다. 단정적으로 이야기하며 스케줄이 복잡할수록 생기가 돋아난다. 주도형은 성격이 급해서 그런지 급하게 생각을 바꿔 방향을 전환함으로써 주위를 놀라게 하기도 한다. 지도력을 발휘하여 어려운 문제를 잘 해결하고 도전을 받아들인다.

주도형은 누군가로부터 무시당하거나 무리하게 강압을 받으면 노골적으로 저항한다. 짧은 기간에 많은 일을 동시다발적으로 해나간다. 강인한 성격 때문에 타인에 대한 배려가 적다고 생각될 수 있지만 마음에 들기만 하면 오히려 적극적으로 관심을 보인다. 주도형은 솔직해서 복잡한 형식을 싫어한다.

이 타입은 다양하고 바쁜 것을 좋아하며 주도권을 쥐고 싶어 한다. 주도형은 통제권을 상실하거나 이용당하는 것을 두려워한다. 그러므로 주도형의 사람과 이야기 할 때는 상대방이 주도권을 줄 수 있도록 하면서 대화하는 게 좋다. 과정보다는 결과를 중시하고 자기 주장이 강해 남의 이야기를 잘 들으려고 하지 않는다. 주도형은 시간을 절약하고 싶어 한다. 그러므로 코칭을 시작하면서 신뢰를 형성하고 코칭 분위기를 형성하게 하는 라포는 간단한 인사 정도로 끝내고 바로 코칭의 주제로 들어가는 게 좋다.

주제가 결정되면 솔직히 사실을 탐구하는 질문을 한다. 사람이나 감정보다 일에 집중하는 타입이므로 사실에 입각하여 바람직한 결과에 대해 이야기하도록 한다. 문제를 어떻게 생각하고, 그에 대한 의견, 해결방안, 행동계획을 주의 깊게 듣도록 한다. 코치로서 어떤 조언을 해야 할 때는 몇 개의 안을 내어 상대가 스스로 결정하도록 하는 것이 좋다.

주도형은 변화와 혁신을 좋아한다. 그러므로 새로운 아이디어를 실행할 수 있는 업무개발이 되도록 한다. 주도형을 동기부여 하는 것은 도전이다. 곧 승리로 연결하게 하는 것이다. 한다고 하는 것은 반드시 실행하는 자존감을 자랑으로 생각하므로 결과 중심의 조언을 요구하는 경우가 많다. 그래서 결정을 내리기 전에 결과에 대해 시간을 들여 충분히 생각하도록 해야 한다. 주도형은 사람보다는 일 쪽에 무게 중심을 두기 쉬우므로 삶의 균형 유지에도 신경을 쓰도록 코칭한다.

5
사교형의 특성과 코칭

사교형Influence은 에너지와 열의에 넘쳐 있으므로 다양한 팀이나 그룹 활동을 좋아한다. 사교형은 말솜씨가 좋고 호의적인 인상을 주므로 사회에서 많은 활약을 한다. 사교형은 이야기하기를 좋아하므로 코칭 시 처음에는 어느 정도 시간을 두고 라포를 형성하는 게 바람직하다.

사교형은 목표를 세워 부지런히 움직이긴 하지만 실제로 성과를 올리지 못하는 경우도 많다. 그러므로 세부적인 전략 계획을 세워 대충 일을 마무리하려 하는 것을 막도록 코칭해야 한다. 그러기 위해서는 '~해봐라', '아마도~', '어쩌면~'이라는 불분명하고 부정확한 말 대신에 단정적인 표현을 쓰는 것이 좋다. 코칭할 때는 한 번에 너무 많은 이야기를 하면 소화해내지 못할 수도 있다. 그러므로 충분한 시간을 가지고 체계적으로 할 필요가 있다.

사교형은 사람과 상황에 대해 낙관적이다. 때로는 몽상가처럼 보일 수도 있으므로 처음부터 비전이나 목표를 잘 세우도록 한다. 이때 유효한 방법 중 하나는 존경하는 인물 또는 자신의 롤모델을 떠올리게 하는 것이다.

사교형은 다투는 것을 싫어하므로 논쟁은 삼가는 것이 좋다. 사교형의 강력한 무기는 감정과 직감이다. 인정받기를 좋아하며 자신의 공헌에 대한 평가를 바라므로 칭찬과 격려가 특히 필요하다. 일을 하는 데 같은 방법으로 하는 것을 싫어하는 것도 특징이다. 찬성과 반대가 명확하므로 상대도 그렇게 해주기를 기대한다. 그러므로 문제가 발생하면 정면으로 부딪쳐 가능한 빨리 해결하도록 한다. 코칭할 때는 곤란한 상황을 해결하지 않고 넘어가거나 질질 끌지 않도록 주의한다.

사교형은 아이디어가 많다. 커뮤니케이션에 능하지만 혼자서 대화를 많이 하려고 한다. 지키지 못할 약속이나 불가능한 계획도 세우려고 할 수도 있다. 쉽게 흥미를 잃고 지루해 하기도 한다. 그러므로 일을 즐겁게 하도록 하면서 집중력을 키우도록 코칭한다.

사교형에게 동기를 부여하는 것은 사회적인 인정이다. 사회로부터 주목받고 싶어 한다. 그러다 보니 이야기뿐만 아니라 과장된 행동을 하는 경향이 있다. 사교형은 일보다는 사람 지향적이다. 사람을 사귀고 일하는 것이 좋아 하루 종일 책상에 앉아 있는 것을 싫어한다.

사교형은 주위 사람들로부터 소외되고 배척받는 것을 몹시 두려워한다. 충동적이어서 먼저 행동하고 난 후 생각한다. 평소 시간관리가 정확하지 못하여 주위로부터 핀잔을 받을 때가 많다. 기분이 좋을 때는 자극제가 되지만 다른 어떤 스타일보다도 실의에 빠지는 일도 많다. 사교형은 외부로부터 압력을 받으면 제대로 일을 못할 수 있다. 이러한 부분도 잘 대처해 나가도록 코칭할 필요가 있다.

안정형의
특성과 코칭

안정형Steadiness은 주위와 좋은 관계를 유지하고 싶어 한다. 그러므로 처음 대화를 시작할 때는 코치나 리더가 자신의 이야기를 들려주는 것부터 하면 관계를 맺기 수월하다. 안정형은 솔직하고 정직하여 다른 사람의 모범이 되려고 노력한다. 그러므로 많은 사람들이 좋아한다.

안정형은 자신의 생각과 행동을 타인이나 그룹에게 억누르려고 하지 않는다. 대신에 자신의 의견을 마음에 담아두고 다른 사람의 이야기를 먼저 들으려고 한다. 그래서 코칭을 하는 사람 중에는 안정형이 많다고 할 수 있다. 안정형에게의 동기부여는 현재의 상태를 그대로 유지하는 것이다.

안정형은 문제가 생기거나 결정이 필요한 때는 차례차례로 처리해 나간다. 그러므로 코칭에서는 다른 건으로 넘어가기 전에 앞에 있었던 일이 어떻게 되었는지 확인하는 과정이 필요하다. 안정형은 유머감각이 있어 어색한 주위 분위기를 돌려놓기도 한다. 안정형은 정해진 방식으로 일하기를 좋아하고 전문가가 많다. 안정형은 안정에서 벗어나거나 변화하는 것을 싫어한다.

안정형은 자신의 프로젝트를 통해 다른 사람과의 관계가 좋아질 것을 기대한다. 또 시간이 어느 정도 걸리더라도 그것을 통해 인간관계가 돈독하고 끈끈해지길 바란다. 안정형은 비판에 민감한 특성이 있다. 그러므로 그에게 주의를 꼭 줘야할 경우에는 개인에 대한 비판이 아니라 특정의 행동이나 사실에 대한 것임을 밝히는 것이 좋다. 위압적이지 않게, 그리고 평소의 업적이나 공헌도를 이야기한 후 지적할 사항을 지적할 수 있으면 금상첨화이다.

안정형은 다른 스타일과 함께 일하는 팀플레이를 좋아한다. 그러므로 부지런히 주위를 돌아다니며 사람들과 관계를 맺는다. 성실하고 좋은 아이디어가 많아 창의적인데 반해 다른 사람의 아이디어를 부풀리는 능력이 있다. 사람이 하는 일에 가치를 발견할 정도로 배려심이 강하다. 극히 협력적이어서 때로는 자신의 일을 내팽개치고 다른 사람의 일을 도와주기도 한다. 반대로 자신이 역경에 처해 있을 때 도움을 받으면 결코 잊지 않고 크게 고마워한다.

무슨 일이 있을 때 안정형은 전화나 이메일 또는 다른 통신수단보다 직접 얼굴을 맞대고 이야기하고 싶어 한다. 자신의 생각이나 결정 등 속마음을 바로 드러내지 않기도 한다. 그러므로 자기 혼자보다 대화의 파트너와의 대화를 통해 결정하는 타입이라고 할 수 있다. 타인에 대한 비판이나 불평 그리고 노여움을 안으로 삭이는 인내심이 강한 타입이다.

안정형은 자신이 주목의 대상이 되면 안절부절 못하기도 한다. 가끔은 그가 하고 있는 일보다 더 많은, 더 높은 목표를 가지고 해나가도록 용기와 희망을 불어 놓는 것이 코칭 시 필요하다.

7

신중형의
특성과 코칭

신중형Conscientiousness은 완전하게 일을 하고 싶어 하는 완벽주의자다. 신중형은 시간에 엄격하다. 처음 대화를 시작할 때는 라포 형성이 조금 필요하기는 하나 개인적인 것을 넘어 바로 본 주제로 들어가도록 한다.

신중형은 사람에 비해 일을 더 중시하므로 정보가 중요하다. 인간관계보다 일을 우선시하므로 정확성을 추구한다. 같은 것을 타인에게도 요구한다. 자료는 다다익선이어서 많을수록 결정에 도움을 준다. 확실하게 바른 선택을 하는 데에 많은 고민과 시간이 필요한 타입이다. 신중형은 리더가 어느 정도 준비해주기를 기대한다. 그러므로 아무런 계획 없이 대화하다가는 실망을 주게 된다.

신중형은 논리적이고 체계적인 것을 좋아하므로 상황과 사항에 대해 많은 질문을 던지도록 한다. 소소한 부분까지 질문하면 상대는 리더와 코치에 대해 신뢰를 보낸다. 이때 상대방이 자세하게 설명을 할 때는 리더가 생각하기에 크게 중요한 것 같지 않아도 끝까지 들어줘야 한다.

신중형은 보디랭귀지를 좋아하지 않는다. 그보다는 어떤 형태의 말을 쓰는가가 중요하다. 그렇지만 '~라고 생각한다', '~라는 느낌이 든다'는 등의 표현은 삼가도록 한다. 대신에 '자료를 분석해 본 바로는~', '이번 계획의 목적은', '결론적으로 말한다면~' 등 철저하고 정확한 표현을 원한다. 신중형에의 동기부여는 정확성이다.

신중형은 외적 활동보다 사무실에 처박혀 일하는 것을 즐긴다. 자료는 찾기 쉽게 정돈되어 기능적 활동에 편하게 되어 있다. 평소 말수가 적어 과묵한 편이고 점잖아 보인다. 완벽하게 일을 하길 바라면서도 기준을 높이고 그것을 달성하기 위해 시간이 걸려도 지켜 나간다.

사람들을 좋아하지만 적극적으로 교제하지 않는다. 큰 그룹과 함께 공동 작업을 하는 것보다 혼자서 하는 것을 좋아한다. 형식을 갖추는 것을 좋아하고 조언하기를 즐겨한다. 사생활에서도 말 많은 것을 싫어하며 단독 행동을 좋아한다. 신중형은 구체적이고 분석적인 사실에 입각하여 자신의 입장을 분명히 말한다. 감정적인 다툼을 싫어하여 피하려 한다.

신중형은 모든 상황에 대해 장점과 단점을 논하려 한다. 그러다보니 변화를 싫어한다. 미래에 대한 자신감이 불분명하고 예상외의 결과가 도래될 수도 있다고 생각되기 때문이다. 신중형에게는 냉엄한 사실만이 설득력을 갖는다. 그러므로 감정에 호소하기보다는 정확성과 이론에 호소하고 결정된 것은 문서화한다.

　신중형은 복잡한 사고를 즐긴다. 그러면서도 실수를 두려워한다. 주의를 주거나 어떤 제안을 할 때는 상대의 체면을 깊이 고려해야 한다. 대화 중 서로가 하겠다고 한 것은 반드시 약속을 지켜야 신뢰가 유지될 수 있다. 신중형에게는 피드백을 간결하게 해주는 게 좋다.

　앞에서 4가지 유형에 대해 알아봤다. 개인적인 행동의 특성과 커뮤니케이션 스타일을 앎으로써 그만큼 우리가 상대를 대하기가 편해진다. 아니 적어도 그 정도라도 파악함으로써 상대를 이해하고 알아가는데 큰 도움이 된다. 그렇기 때문에 각자는 4가지 유형의 어느 쪽에 해당된다는 것을 스스로 인식할 필요가 있다.

　DISC 진단을 사용해 보면 어느 누구도 딱 들어맞는다는 사람은 드물다. 어느 특성은 해당된다고 판단되지만, 어떤 것은 전혀 아니라고 하기도 한다. 그것이 정답이다. 우리 인류가 아프리카 대륙에서 두 발로 걸어 나오면서 장구한 세월 동안 진화해 왔는데 어떻게 4부류로만 나눌 수 있겠는가. 그러나 각 스타일마다의 유사성을 묶다보니 그 정도라도 대분류 할 수 있는 것이 아닐까. 그러한 관점에서 봤을 때 그래도 상당 부분 일치하는 면이 보인다고 진단을 받은 사람들은 평가한다.

　리더와 코치는 스스로에 대해서도 분석이 되어 있어야 한다. 자신의 리더십스타일은 어떠한지, 커뮤니케이션 스타일 그리고 상하관계 형성 방법은 어떠한지 등에 대해서 말이다. 또한 부하는 언제나 답을 갖고 있다고 생각하는지 아닌지, 코치와 리더 자신이 부하보다 위대하다고 생각하는지 아는지, 평소 부하에 대해 엄격한 편인지 등에 대해 깊게 생각해 볼 필요가 있다.

    리더와 코치는 다양한 특성의 사람들과 관계를 맺어야 한다. 자신과 비슷한 유형의 타입과는 비교적 쉽게 소통이 된다. 그러나 정반대의 스타일을 나타내는 사람과는 만만치 않다. 마음속에서부터 거부반응이 일어나고 얼굴이 굳어지기 시작한다. 왜 상대방이 그럴까 하고 의아하게 생각하기도 한다. 그러나 바꿔 생각해보면 상대방도 나를 그러한 눈으로 보고 있을 수 있다는 것이다. 틀린 게 아니라 나와 다르다는 것을 받아들인다면 훨씬 편해진다. 그러므로 상대방 보고 나에게 맞추라고 하기보다 내가 잠시나마 상대방에게 맞추거나 맞추려고 노력하는 것이 훨씬 마음이 가볍다. 그래야 리더로서 코치로서 대화가 가능하게 되는 것이다.

소통의
리더십

1 경청의 기적

 누구나 다른 사람의 이야기를 듣기보다 말하는 것을 좋아한다. 누구나 자기가 다른 사람보다 유능하고 위대하다는 것을 나타내고 싶어 한다. 그러므로 누군가가 어려움에 처해 있을 때 처음부터 끝까지 들으려고 하기보다 즉각 답을 주고 싶어 입이 근질근질하다.

 소통과 대화의 첫 관문은 잘 듣는 것이다. 우리는 평소 이것에 대해 깊이 생각해 본 적이 별로 없다. 상대방이 이야기하면 어떻든 듣기는 하기 때문에 '나는 잘 듣는 사람이다'라고 누구나 자신 있게 이야기한다. 정말 그럴까?

 우리는 바쁘게 생활하지 않으면 마치 낙오자라도 된 듯 정신없이 살아간다. 그렇게 살지 않으면 어쩌면 삶이 불안하게 생각되기 때문인지도 모른다.

예를 하나 들어보기로 하자. 가령 아이가 학교를 갔다 와서 엄마에게 이야기를 해도 엄마는 자신의 일이 많으므로 듣기는 들어도 건성으로 듣는다. 그러면 아이는 엄마가 진지하게 듣고 있지 않는다는 것을 금방 알아챈다. 그래도 아이가 계속 이야기하면 엄마는 신경질적인 반응을 보인다. "야, 지금 엄마 바빠. 요점만 말해!" 등 짜증스런 투로 반응하는 것이 일반적이다. 또 들어도 한쪽 귀로 듣고 다른 쪽 귀로 흘려보낸다. 그런 엄마를 보고 아이는 어떻게 생각할까. 그렇다고 아빠나 형 또는 언니가 엄마를 대신해주지도 못한다.

이처럼 애들은 집에 와서도 자신의 이야기를 들어줄 사람이 없으니 재미가 없다. 그러니 밖으로 나가거나 SNS 또는 TV로 눈을 돌릴 수밖에 없는 상황이 벌어진다. 이와 비슷한 일들이 가정에서 얼마나 많이 일어나고 있을까.

나는 요즘 대학에서 1학년 새내기들을 대상으로 수업을 한다. 그때 이 경청에 대한 것을 빠뜨리지 않고 가르친다. 이참에 한 학생의 경험담을 간단히 소개하고 싶다.

"난 사실 대화를 할 때 듣는 쪽보다는 말하는 쪽이다. 아빠와 나는 대화를 별로 안 하는 편이다. 이번에는 강의시간에서 배운 대로 경청의 기술을 살려 아빠와 이야기를 나누는 시간을 일부러 마련하기로 했다. 아빠의 말씀을 주의 깊게 듣고 이해가 잘 안되는 부분에 대해서는 여쭤보며 이해하려고 애썼다. 그러자 아빠께서는 이야기를 하시다 말고 '이제 우리 아들다 컸네, 아빠 말에 귀 기울일 줄도 알고' 하시면서 눈물을 글썽이셨다. 오랜만에 아빠와의 대화가 끊기지 않고 계속되니 우선 내 자신이 대견스러웠다. 요즘 서먹서먹하던 집안 분위기가 완전히 반전되어 온 집안에 봄이 온 것 같다. '생각을 조금만 바꾸고 실행을 하는 것만으로도 이렇게 달라지는 것을' 하고 성찰하면서 새로운 결심을 하였다. 소통과 대화의 첫걸음이 경청이니 앞으로는 이것을 반드시 실천에 옮기겠다."

제대로 된 경청은 어려운 것이 아니다. 조금만 노력하면 고칠 수 있다. 어쩌면 너무 쉽게 생각하기 때문에 실천이 안되는지도 모른다. 경청만 잘해도 가정과 사회의 갈등과 혼란은 상당 부분 해소될 수 있다.

칭기즈 칸은 배운 게 없어서 자신의 이름도 쓸 줄 몰랐다. 세계에서 가장 넓은 유라시아 대륙을 정복한 그가 한 말은 "내 귀가 나를 현명하게 만들었다"고 했다. 그는 말을 아끼는 대신 질문을 통한 경청의 도사였다.

▼
듣기와 경청의 차이

우리는 남의 말을 어떻게 들어야 하는지에 대해 배워본 적이 없다. 알려고 하지도 않았다. 그저 귀 기울이고 듣기만 하면 되는 것으로 알고 있었다. 그러므로 누구나 잘 듣고 있다고 하는 데에 토를 달 사람은 아무도 없다. 하지만 실제로 '당신이 진정한 경청을 하고 있다고 할 수 있느냐?'는 질문에는 한 발자국 물러날 수밖에 없을 것이다. 이것이 최근 중요한 사회 이슈 중의 하나로 떠오르는 이유이기도 하다.

　나는 강의시간에 서로 짝을 이뤄 번갈아 가며 경청연습을 시킨다. 처음에는 어색하여 잘 안 하려고 하지만 몇 번 하고 나면 잘한다. 그리고 나서 한 사람씩 소감을 발표하도록 한다. 덩달아 발표력도 향상되고 있음을 스스로 느끼게 된다고 한다. 내 수업에 참가했던 사람들은 가정에서뿐만 아니라 친구 간에도 대화가 잘 풀리니 기분이 좋다고들 한다. 지금까지 자기중심적이고 일방적이었던 것이 쌍방향 대화로 이어지는 계기가 되니 삶이 훨씬 윤택해짐을 느낀다는 것이다.

　기업이나 조직에서는 어떨까? 크게 다르지 않다는 것이 현실이다. 부하가 상사에게 결재를 받거나 상의를 할 때 진지하게 들어주는 경우가 드물다. 상사도 바쁘니 고주알미주알 들어줄 시간이 없다. 요점만 간단히 이야기하라고 다그친다. 상사라 한들 어렸을 적부터 듣는 것의 중요성에 대해 교육 받아본 적이 없다. 신경도 크게 안 써봤으니 평소대로 하는 것이 정석이라고 생각해왔기 때문이다.

　《성공하는 사람들의 7가지 습관》의 저자 스티븐 코비 박사도 5번째 습관을 경청이라고 했다. 소통과 대화는 어떻게 듣는가에 따라 성공 여부가 달려 있다. 잘 듣고 있노라면 어느덧 그 속에 여러 가지 답과 아이디어가 샘물처럼 솟아나올 때가 있음을 경험하게 된다. 또 잘 듣고 있노라면 말하는 사람도 듣는 사람도 기분이 좋아져 마음을 열게 되어 대화가 물 흐르듯 자연스럽게 진행됨을 느낀 적도 있었을 것이다.

그러면 어떻게 들어야 할까? 그저 듣는다는 차원에서만 듣는 것을 영어의 Hearing 수준의 '듣기'라고들 한다. 반면에 소위 신경 쓰며 듣는 것을 영어의 Listening 수준의 '경청'이라고 한다. 이 2가지의 차이점을 일반적으로는 다음과 같이 구분하고 있다.

듣기(Hearing)	경청(Listening)
단순한 청각기능 소극적, 수동적인 태도 에너지가 크게 소모 안 됨	적극적인 경청 의도적인 태도 에너지가 많이 소모됨

모처럼 코칭에 대한 이야기를 듣거나 교육을 받고 난 후 '나는 어떻게 해야 되는가?' 하고 의문이 생길 수 있다. 앞서 설명한 어느 학생처럼 바로 활용해 보는 것이다. 만약 경청에 관한 몇 가지 사항을 공부할 때 상대방에게 다음과 같은 질문을 던져보는 것도 좋다.

"오늘 배운 것을 당장 활용하고 싶다고 생각하나?"
"경청에 대해 당신이 가장 신경을 써야 하겠다고 생각하는 것은 무엇인가?"
"경청에 대해 당신이 가장 먼저 바꿔야 하겠다고 생각되는 것은 무엇인가?"

우리가 경청에 대한 것을 알고 난 다음 주변에서 어떤 상황들이 벌어지는가를 살펴보면 너무나 재미있다. 상사는 쉴 새 없이 부하에게 지시 명령 설교를, 호프집에서는 어느 한 사람이 이야기 주도권을 잡고 남이 듣든 말든 상관없이 장황설을 늘어놓고 있음을 새삼스럽게 깨닫게 된다. 반면교사가 되는 게 주변에 널려 있으므로 자연스레 경청의 공부가 된다.

이참에 나의 경청수준은 어느 정도인지 셀프코칭 해봐도 좋다.

"나의 경청 정도는 몇 점 정도일까?"

"50점 정도라면 어떻게 하면 80점까지 올릴 수 있을까?"

"그것은 언제까지 가능할까?"

이때 목표로 하는 80점이 너무 높아 실행이 어렵다고 생각되면 60점을 목표로 해도 좋다. 변화하려는 생각과 행동이 중요한 것이다. 그만큼 변화가 어렵기 때문이다. 먼저 60점 정도 올리고 나서 80점까지 올리는 방법을 써도 괜찮다.

▼
경청의 5원칙

우리들의 대화에서 필요한 것은 단순한 듣기가 아닌 경청의 수준이다. 그래서 한자어로 경청傾聽이라 하여 기울일 경傾 자로 쓴 것도 우선 귀를 기울이라는 적극적인 태도를 강조한 것이다. 그러면 어떻게 경청하는 것이 좋은 태도일까? 이것에 대한 답은 수도 없이 시중의 책에 많이 나와 있다. 그중 가장 기본이 되는 5가지를 간추린다면 다음과 같다.

1. 몸을 상대방 쪽으로 바르게 하기
2. 눈을 똑바로 보기

3. 가끔 고개를 끄덕여 주기

4. 다른 생각하지 말고 집중하기

5. 이해하려 하기

이 5가지만 잘한다고 좋은 경청이 되는 것은 아니지만 가장 중요하다는 뜻이다.

그러면 반대로 진지한 경청을 방해하는 것에는 어떤 것들이 있을까? 이 것 역시 다양하지만 특히 주의할 필요가 있는 것을 몇 가지 열거하면 다음과 같다.

1. '그건 아닌데'의 표정

2. 팔짱 끼고 듣기

3. 시계 자주 보기

4. 이야기 도중 전화하거나 받기

5. 졸거나 하품하기

6. 이야기 도중 자꾸 끼어들기

7. 눈동자가 왔다 갔다 하기

8. 이야기 도중 자리를 뜨기

9. TV 보며 듣기

10. 동의 없이 화제를 바꾸기

11. 자신의 이야기 길게 늘어놓기

12. 불필요하게 충고하기

13. 다리를 떨기

14. 손을(으로) 자주 만지작거리기

15. 고개를 숙이거나 위로 향하기

16. 한 사람은 서게 하고 한 사람은 앉기

17. 디지털 기기 만지작거리기

18. 괜히 큰소리치기

생각해보면 수도 없이 많다. 그런데 경청은 듣는 자세뿐만 아니라 어떤 마음으로 경청하는가에 따라 반응이 달라질 수 있다. 그래서 경청傾聽을 다른 한자어로 경청敬聽이라고도 써서 공경하는 마음으로 들으라고 한다. 상대방이 아무리 후배이고, 부하이고, 소위 별 볼일 없는 사람이라 하더라도 공경하는 마음으로, 진솔한 마음으로 들을 때 진정한 대화가 이루어질 수 있기 때문이다.

▼
남의 이야기를 잘 듣지 않는 사람에게

다양한 사람들로 구성된 사회이다 보니 그 속에는 독특한 스타일의 사람이 있기 마련이다. 우선 말끝마다 공격적이고 다른 사람의 말을 잘 듣지 않는다. 그러면 분위기가 썰렁하고 일의 진전이 더디게 된다. 리더로서도 때로는 난감하기 이를 데 없다.

그러면 어떻게 해야 할까. 이때 코칭 방법을 쓰는 코치형 리더가 되어야 한다. 이에 대한 대처 방법으로는 여러 가지가 있겠지만 패트릭 마케나와 다비드 마이스터가 제시한 몇 가지를 살펴보기로 하자. 그들은 다음과 같이 5가지를 제시했다.

1. 직접적 방법

이 방법은 문제가 나타난 시점에 즉시 대처하는 경우이다. 예를 든다면, "이야기를 잘 듣지 않는 것 같은데 나로서도 어떻게 했으면 좋을지 모르겠다. 무슨 좋은 생각이 있습니까?" 또는 "나의 이야기를 진지하게 듣지 않고 있으니 쇼크군요"라고.

2. 예방적 방법

전에도 상대방이 좀처럼 이야기를 잘 듣지 않으려 했던 과거가 있는 경우이다. 이때 "지금까지 나의 생각을 잘 전달하지 못한 것이 있었는데, 이 건에 대해 다시 한 번 나의 이야기를 들어주시지 않겠습니까?"라고.

3. 치료적 방법

이것은 상대가 스스로 자신의 태도에 대해 생각하도록 하여 잘못됐음을 인정하고 태도를 바꾸게 하는 것이다. 예를 들면 "이야기에 집중하지 않는 것 같은데 스스로는 어떻게 생각하십니까?"라고.

4. 징벌적 방법

물론 좋은 방법은 아니지만 리더의 권한을 이용할 수밖에 없을 때 필요하다. 이를테면 "이 대화에 집중하지 않는다면, 당신의 의견도 듣지 않고 내가 결정해서 진행시킬 수밖에 없습니다. 괜찮겠습니까?"라고.

5. 간접적 방법

사람마다 스타일이 제각각이어서 리더의 마음에 맞지 않는 경우 또는 상대방이 말보다 뜻을 글로 전해주길 바라는 스타일도 있다. 여기에는 2가지 방법이 있다. 하나는 문장(편지, 전자메일 등)으로 전해 답장을 받는 경우, 또 다른 하나는 그 사람이 신뢰하는 제3자를 중간에 넣는 경우이다. 리더 자신이나 상대방도 대립을 원하지 않으므로 이 방법을 쓰기도 한다. 그러나 간접적 방법은 가능한 안 쓰는 게 바람직하다. 메시지 내용은 전달될지 모르지만 감정이입이 되지 않아 신뢰와 인간관계 구축에 어려움이 있을 수 있기 때문이다.

기다려라. 이 밤이 가기 전에 끝난다

　오늘날 경청은 21세기 지식경쟁시대의 최고 전략이라고 할 수 있다. 세계적인 기업 삼성의 설립자 고 이병철 회장께서도 유언으로 '경청'이라는 두 글자를 남긴 일화는 뜻하는 바가 크다.

　미국 하버드대학 뇌과학연구팀이 2012년 경청의 효능에 대해 다음과 같은 내용을 발표한 적이 있다. 그것은 자기 자신에 대해 이야기하는 순간의 뇌 활성화 영역을 관찰한 실험이다. 결과에 의하면 '이야기할 때 우리 뇌는 맛있는 음식을 먹거나 돈을 벌어서 기분이 좋거나 또는 이성 간의 결합을 할 때와 마찬가지로 활성화가 된다. 우리의 뇌세포는 물론 뇌세포들을 연결하는 접점인 시냅스에서도 쾌감을 느끼므로 말을 멈출 수 없을 정도로 신이 난다'고 한다.

　옛말에 '하고 싶은 이야기를 남에게 하기만 해도 화가 반분 정도는 풀린다'라는 말이 있다. 연구결과 그것만으로도 70%의 감정이 해소된다고 한다. 사람들은 부정적이거나 불안한 상태에 있을수록 누군가가 이야기를 들어주기만 해도 마음이 편해진다는 것이다. 그것은 진정으로 들어주는 사람이 있기 때문에 가능한 것이다. 대화에서 경청의 중요성이 얼마나 대단한가를 말해주는 셈이다.

　사람은 다른 사람의 이야기를 듣고 있으면 자신도 모르게 마음이 초조해진다. 듣는 대신 말하고 싶어서 몸이 근질근질하는 것이다. 이유는 2가지이다. 하나는 하버드대학 연구팀이 발표한 대로 듣는 것보다 자신이 말할 때가 즐겁고 재미있기 때문이다. 다른 하나는 들으면서 이미 자신의 두뇌에서는 온갖 생각과 답이 빠르게 회전되고 있어서 어서 빨리 이야기할 차례가 오기를 고대하기 때문이다. 그러나 기다려야 한다. 이 밤이 가기 전에 상대방의 이야기가 끝날 것이므로.

우리는 보통 대화에서 자신의 생각과 아집에 의해 진행되는 경우가 많다. 상대의 이야기가 아직 끝나지 않았는데도 "결론은 뭔가?", "요점만 간단히 이야기하라", "잠깐, 그것은 내 생각과 다르다", "그것은 틀렸다", "그것은 이상하지 않나?" 등으로 상대방의 말을 끊고 자신의 이야기를 했던 경험이 누구에게나 한두 번 정도는 있을 것이다. 이것은 모든 것이 자신의 인생관과 세계관, 그리고 자신의 가치관과 비즈니스관에 묶여 있기 때문이다.

그렇게 되면 상대방은 주눅이 들거나 기분이 나빠지게 된다. 사람은 각자의 생각과 보는 관점이 다를 수 있다. 그러므로 자기 자신과 전혀 맞지 않는다 해도 일단 들어보는 게 중요하다. 그 순간만이라도 먼저 자기 자신의 에고ego를 내려놓아야 한다. 그래야 상대방의 이야기가 잘 들린다. 다 듣고 난 후의 이쪽의 이야기 시작방법을 예로 들어보자.

"예, 그렇군요. 그렇게 볼 수도 있겠군요."

"그러한 점은 생각을 못해봤는데 대단하시군요."

"어떻게 그런 생각이 나셨습니까?"

"그렇군요. 이 점에 대해서는 어떻게 생각하십니까?"

이쯤 되면 상대방도 안심한다. 일단 자신의 이야기 내용이 인정받았다는 느낌이 들기 때문이다. 대화가 물 흐르듯이 흐를 수밖에 없다.

사람은 듣는 것보다 이야기하고 싶어 하는 본능이 더 강하다. 그러나 조직과 사회가 원활히 돌아가게 하려면 그 본능을 잘 억제해야 한다. 자신의 본능대로만 살아갈 수는 없는 게 아닌가.

상대방의 입장이나 체면도 생각해주는 배려의 자세가 필요하다. 그러니 기다려야 한다. 아무리 말하고 싶어도, 내가 어서 빨리 명답(?)을 주고 싶은 마음이 꿀떡 같아도 기다려야 한다. 입이 근질근질 하거든 자신의 입모양을 한번 상상해보라. 입술이 차분히 있는지를.

경청을 하는데도 3가지 단계가 있다고 한다.

1단계 귀로 듣는 것이다.
이 단계는 자기중심으로 듣는 것으로 단순한 듣기 단계로 볼 수 있다.

2단계 표정으로 공감하고 말하며 듣는 것이다.
이 두 번째 단계쯤 되면 상대방의 이야기에 온전히 집중하고 공감하면서 듣는 상대방 중심의 듣기 단계라고 할 수 있다. 그래서 가끔은 입으로 "와!", "그러시군요", "대단하시네요", "정말 화나셨겠군요" 등 공감하며 듣는 것이다. 또 때로는 무릎도 가볍게 치면서 분위기를 돋운다. 이렇게 되면 상대방은 신이 나서 많은 이야기를 하게 된다.

3단계 마음으로 듣는 것이다.

상대방은 자신의 심정을 제대로 표현 못할 수도 있고 또는 제대로 이야기하지 않을 수도 있다. 그러므로 듣는 입장에서는 상대방이 말하는 것뿐만 아니라 말하지 않은 것까지도 들을 수 있어야 제대로 들었다고 할 수 있다. 이쯤 되면 경청의 고수이다. 이러한 사람은 대화를 완전히 소화하여 자신이 주도하며 이끌어 갈 수 있다.

칭찬의 기적

켄 블랜차드가 지은 《칭찬은 고래도 춤추게 한다》라는 제목의 책이 한때 불티나게 팔린 적이 있다. 지금도 책 제목 자체가 칭찬과 관계하여 많이 회자되곤 한다. 그것은 돈 들이지 않고도 사람의 마음을 사로잡을 수 있는 방법이기 때문이다.

칭찬은 인류가 만들어낸 최고의 걸작이다. 그것은 인류가 이 세상에 나오면서부터 살아가는 데 큰 원동력이 되어왔다. 칭찬이 있으므로 해서 인류의 문명이 이처럼 발달했고 문화가 이뤄졌다고 볼 수 있기 때문이다.

옛날 고대 그리스의 키프로스라는 작은 섬에 피그말리온이라는 당대 최고의 조각가가 살고 있었다. 어느 날 그는 백옥같이 하얀 상아로 여인상을 만들었다. 대단한 걸작이었다. 그는 매일 그 여인상을 보면서 "사랑한다", "아름답다"며 진심으로 칭찬했다. 어느 날 그는 여신 아프로디테에게 간절히 소원했다. 여신은 그의 사랑과 간절함에 감동되어 여인상에게 생명을 불어넣어 주었다. 그 후 피그말리온은 그 아름다운 여인과 오래오래 행복하게 살았다는 신화가 전해 내려오고 있다.

훗날 심리학자들은 이 신화를 긍정의 심리학으로 활용하기 시작했다. 이 신화가 주는 교훈은 긍정적인 기대감이 긍정적인 행동을 가져오게 하고 결과적으로 긍정적인 결과를 낳게 한다는 것이다. 이와 반대로 부정적인 기대감은 부정적인 행동으로 연결되고 결국 부정적인 결과를 가져오게 한다. 오늘날 화두가 되고 있는 긍정은 칭찬에서 시작된다. 그리고 칭찬은 좋은 감정에서 비롯된다. 칭찬이 주는 효과는 상상을 초월한다.

우리 인류 역사를 통해 확실하게 증명되는 것은 칭찬을 받고 자랐느냐 아니면 욕을 많이 먹고 자랐느냐에 따라 인생의 역정에 큰 차이가 있다는 것이다. 칭찬은 배신하지 않는다. 칭찬은 자신의 능력을 십분 발휘할 수 있게 해주는 힘을 길러 준다.

나는 신학기가 되면 대학교 1학년 새내기들을 가르친다. 수업시간에 짬을 내어 그들에게 코칭의 기본이 되는 가장 중요한 몇 가지를 소개하곤 한다. 학생들은 지금까지 대학입시에 매달리노라 요즘 청소년 학생들에게 큰 문제인 인성 관련 교육에 목말라 있음을 알 수 있다. 어떤 학생들은 자기 성찰을 하다가 눈물을 글썽인다.

한번은 칭찬과 인정에 대해 이야기했다. 그리고 밖에 나가서 실제로 경험한 것을 글로 써보도록 했다. 가끔은 수업시간에 무작위로 호명하여 일어서서 자신이 한 행동과 상대방의 반응을 발표하도록 하기도 한다.

다음에 소개하고자 하는 것은 타 지역에서 유학(?) 온 어느 학생의 이야기이다.

"오랜만에 엄마께 전화를 했다. 안부전화 겸 나의 소식을 전해드리기 위해서였다. 엄마는 언제나 그랬듯이 나에 대해서 걱정을 많이 하셨다. 전화를 마칠 때쯤 '엄마가 내 엄마라서 너무 좋다. 엄마가 날 항상 생각해 주시니 이렇게 건강하게 살고 있는 것 같다. 항상 날 지켜주셔서 감사하다. 엄마가 고생해서 내가 편하게 사는 것 같아 죄송하다. 언젠가는 꼭 호강시켜 드리겠다'고 하였다. 그랬더니 엄마가 굉장히 좋아하셨다. '언제부터 이런 기특한 생각을 하고 있었느냐'고 하셨다. 엄마는 막내인 내가 딸도 없는 집에 딸 노릇해 주어서 고맙다고, 수의사가 되면 서울에서 꼭 엄마하고 같이 살자고 하시면서 목이 메셨다. 나도 같이 목이 메었다. 엄마가 좋아하시니 나는 너무 좋았다. 나이가 한 살 한 살 더 들고 부모님 곁에서 떨어져 살면서 부모님의 사랑이 얼마나 컸는지 깨닫고 있다. 정말 효도해야 하겠다. 감사하다는 표현이 부모님께는 얼마나 큰 감동이 되는지 느낄 수 있었다. 앞으로 더 자주 해야 하겠다."

나의 칭찬수준은 어느 정도인지 셀프코칭 해보는 것은 어떨까?

"나의 평소 칭찬수준은 몇 점 정도일까?"

"30점 정도라면 어떻게 하면 50점 정도로 올릴 수 있을까?"

"그것은 언제까지 가능할까?"

"그것을 어떻게 알 수 있을까?"

"그렇게 되면 사람들은 나에게 뭐라고 말할까?"

▼
칭찬의 5원칙

칭찬을 하고 싶어도 어떻게 하는 게 좋은지 망설여진다고 한다. 칭찬에 관한 책은 시중에 많이 나와 있다. 나는 여기서 가장 중요하다고 생각되는 칭찬방법 5가지를 골라서 제안한다.

1. 즉시, 구체적으로 칭찬하라.
2. 자주 칭찬하라.
3. 좋은 감정으로 칭찬하라.
4. 작은 일에도 칭찬하라.
5. 결과보다 과정을 칭찬하라.

지금부터는 그것을 풀어서 간단히 설명할 필요가 있을 것 같다.

1. 칭찬할 일이 있으면 뜸 드리지 말고 즉시 하라.
막연히 "잘했다", "수고했다", "대단하다", "축하한다" 등의 함축적인 것이 아니라 무엇이 칭찬받을 일인지를 정확히 알고 구체적으로 하라는 것이다. 예를 들면 평소 아들이 자기 방 청소를 안 하다가 어느 날 깨끗이 정리정돈까지 했다면,

"우리 아들이 오늘 자기 방을 깨끗하게 해놓으니, 방이 훤하네. 너무 착하구나. 우리 아들이 너무 자랑스럽다"라고 해야 제대로 된 칭찬이 된다는 것이다.

2. 칭찬할 일이 있을 때마다 하라.

적어도 며칠에 한 번씩 칭찬해 주는 것이 한 달에 한 번 하는 것보다 훨씬 효과가 있고, 그 칭찬을 받은 상대방은 생동감 넘치게 살아갈 수 있다.

3. 진솔한 마음으로 칭찬하라.

마지못해서 하는 칭찬은 안 하는 것만 못하다. 《성공하는 사람들의 7가지 습관》의 저자 스티븐 코비 박사는 칭찬을 잘하려면 자신의 감정계좌를 늘리라고 하였다. 그런데 감정에는 좋은 감정과 미운 감정이 있으므로 그가 말한 감정을 나는 둘로 나누는 게 좋다고 본다. 좋은 감정계좌는 늘리고 미운 감정계좌는 줄이라고. 평소 좋은 감정계좌를 늘리려면 내가 칭찬을 받고 또 나도 다른 사람을 칭찬하면 된다. 미운 감정계좌는 정반대로 생각하면 된다.

4. "뭘 그 까짓것 갖고 칭찬은 무슨……" 하고 지나치지 마라.

칭찬할 거리는 주변을 유심히 살펴보면 부지기수로 많다. 평소에 관심이 없기 때문에 모르고 지나치는 것뿐이다.

5. 결과보다 과정을 칭찬하라.

우리는 어떤 일에 있어서 과정보다 결과에만 치중하는 경향이 있다. 결과가 좋지 않더라도 그 과정에 많은 땀과 노력 그리고 진실성이 있다면 그 자체만으로도 충분히 보상받을 가치가 있다.

한편 결과가 좋다고 반드시 성공했다고 할 수는 없다. 결과가 아무리 좋다고 해도 그것을 이루는 과정이 부도덕적이거나 비상식적인 방법으로 성공했다면 정당성에 문제가 생긴다.

투르 드 프랑스는 100년의 역사를 자랑하는 세계 최고의 사이클 경기이다. 역대 경기 중 가장 뛰어난 챔피언은 고환암의 역경을 이겨내고 1999년부터 7년을 내리 우승한 미국의 랜스 암스트롱이다. 이 경기는 4000km를 20여 일 동안 질주하는 것이다. 이 경기에서 1999년부터 줄곧 2위밖에 못한 독일의 얀 울리히 선수 이야기는 가슴을 찡하게 만든다. 그는 2003년 암스트롱과 다섯 번째 우승대결을 벌였다. 제 15구간 공교롭게도 구경꾼의 가방끈에 걸려 암스트롱이 넘어졌다. 울리히는 그가 다시 일어나기를 기다렸다. 암스트롱이 일어나 다시 페달을 밟자 울리히는 그제야 뒤를 따랐다. 위대한 멈춤이었다. 2012년 국제사이클연맹(UCI)은 암스트롱이 지속적으로

금지약물 복용 사실을 확인했다. 암스트롱은 그의 모든 역대 수상실적을 박탈당했다. 야비한 과정이 빚은 영광스러운 우승의 침몰이었다.

인간사 모든 게 뜻하는 대로만 되지 않는다. 어쩌면 큰일일수록 잘되는 것보다 실패하는 일이 더 많을 수도 있다. 훌륭하고 경험 많은 리더일수록 실패와 함께 사는 일이 허다한 것은 그 때문이다.

▼ 독이 되는 칭찬

우리가 살아가는 데 있어서 칭찬이 절대적으로 필요하기는 하다. 그러나 때에 따라서는 칭찬이 독이 되기도 한다. 예를 들면 다음과 같다.

1. 아첨(아부)으로 칭찬할 때

당사자로서는 별로 칭찬받을 일이 아닌 그저 일상적인 것인데도 칭찬을 받을 때는 효과가 없다. 지나친 칭찬이나 억지로 과대 포장된 칭찬은 아부로 느껴진다. 오히려 칭찬받는 게 민망하기까지 한다.

2. 거짓으로 칭찬할 때

칭찬은 진실하고 좋은 감정으로 해야 한다. 그런데 마음에도 없는 칭찬일 경우 받는 사람은 거북하기 짝이 없다.

3. 불확실한 정보로 칭찬할 때

아직 확실한 결과가 안 나왔는데도 마치 다 끝난 것처럼 확인도 하지 않고 사전에 공표하며 칭찬하는 것이다. 이것은 결과가 났을 때의 효과를 반감시키는 상황을 초래하게 된다. 괘씸하게 생각되기도 한다.

4. 능력을 과대 포장하여 칭찬할 때

사람에게는 각자의 능력이 따로 있다. 아무리 잠재능력이 있다 하더라도 자신이 감당할 수 있는 것에는 한계가 있다. 그러한 자신의 능력을 훨씬 뛰어넘어 불가능에 가까운 것을 이야기하며 칭찬하는 것은 삼가는 것이 좋다.

▼
칭찬과 욕의 결과

칭찬은 상대방의 존재가치를 인정하는 것이다. 칭찬과 인정은 열정과 의욕을 불러일으킨다. 그것은 내면에서부터 우러나오는 동기부여를 준다. 칭찬과 인정은 자신감을 갖게 하고 사람의 운명마저 바뀌게 한다.

한국이 낳은 세계적인 성악가 조수미는 중학교 시절부터 노래를 불렀다. 어느 날 선생님으로부터 "수미야, 너는 특히 음색이 뛰어나구나!" 하고 자신은 생각지도 못했던 칭찬을 들었다. 그 후로부터 조수미는 온갖 고난을 겪으면서도 심금을 울리는 선생님의 그 한마디가 오늘의 세계적인 성악가로 성장하는 계기가 되었다고 말하고 있다.

유명한 행복 전도사 닉 부이치치는 호주 멜버른에서 팔과 다리의 사지 없이 달랑 발가락 2개만 가지고 태어났다. 그는 어떻게 살아야 할지 앞이 캄캄했다. 심각한 우울증으로 고민하다가 길은 하나밖에 없다는 생각이 들었다. 10살 때 집 안의 욕조 물에서 자살을 기도한 것이다. 이 사실을 안 그의 부모가 그를 부둥켜안았다. "얘야, 이 세상에서 제일 아름다운 사람은 바로 너다. 우리는 너를 가장 사랑 한단다"라고 하며 한없이 오열하였다. 그는 생각을 바꿨다. 칭찬과 사랑의 이 한마디가 인생을 바꿔놓기 시작했다. 그는 일본인 아내와 결혼하여 행복하게 살며 긍정적 삶의 전도사로 세계를 누비고 있다.

칭찬과 인정이 가져오는 효력은 너무도 많다. 그것은 때로 인류의 역사를 바꿔놓는 계기가 되기도 한다. 그러면 칭찬의 반대인 욕이나 꾸지람은 어떤 결과를 가져오는지 예를 하나만 들어보기로 하자.

1994년 우리 사회를 발칵 뒤집어 놓은 사건이 하나 있었다. 바로 '지존파 사건'이었다. 다음은 부유층을 납치해 살인 매장한 죄로 형장의 이슬로 사라지면서 마지막 남긴 지존파 두목의 이야기이다.

"17년 전 제가 초등학교 시절 미술 시간에 크레파스를 가져오지 않았다고 선생님으로부터 호되게 꾸지람을 들었습니다. 나는 그 당시 너무나 가난해서 크레파스를 가져올 수 없었지만 차마 그 말을 할 수가 없었습니다. 그러자 선생님께서는 '너는 왜 말을 듣지 않느냐?' 하고 화를 내시면서 때렸습

니다. 나중에는 '준비물을 가져오라면 훔쳐서라도 가져와야 할 것 아니냐!'
고 하셨습니다. 그때부터 나는 빗나가기 시작했습니다. 물건을 훔치기 시작
했고 훔치는 것이 재미있었습니다. 도둑질을 시작한 것이 내 운명을 이렇게
만들었습니다."

　욕먹기를 좋아 하는 사람은 없다. 욕은 분노와 실망의 격한 표현이다. 욕
이나 꾸지람을 들었다고 모두 이와 같은 경우가 되는 것은 아니다. 그것이
오히려 용기를 되살리고 힘을 내게 하는 원천이 되기도 한다. 하지만 때에
따라서는 그것이 사람의 가슴에 못을 박아 돌이킬 수 없는 일을 저지르게
할 수도 있다고 말해주는 교훈이 되는 것은 아닐까.

　이번에는 코칭의 입장에서 다른 경우를 살펴보자. 상대방이 실수나 실
패를 했을 때 어떻게 하면 좋을까? 그러나 사람은 누구나 실수나 실패를 경
험한다. 이때 그 당사자의 심정은 어떨까? 그렇지 않아도 기분이 침체되어
있는데 욕이나 꾸지람을 듣는다면 영 죽을 맛이다.

　그렇다고 잘했다고 할 수는 없는 터. 여기에서 필요한 것은 과정을 자세
히 듣는 시간을 갖는 것이다. 그리고 난 후,

　"이번 실패를 통해 우리는 무엇을 배웠나?"

　"이번의 실수가 우리에게 주는 교훈은 무엇인가?"

　"이번의 실패가 없었다면 우리는 무엇을 배울 수 없었나?"

　이처럼 질문하여 실패나 실수를 기회로 전환하도록 한다. 그러면 실수한

당사자도 욕은 먹었지만 홀가분한 마음으로 반성하고 가일층 새로운 전기로 삼을 수 있다.

여기서 한 가지 제안하고 싶은 것은 이런 경우 You나 I를 주어로 삼는 것보다 We를 주어로 삼는 것이 훨씬 효과가 크다는 것이다. I는 나의 판단과 의지가 들어갈 수 있고, You는 상대방을 공격 대상으로 겨냥하는 것이 된다. 반면에 We는 이렇게 된 것은 우리 모두의 책임이므로 앞으로 이것을 교훈 삼아 잘해 나갈 필요가 있다는 공감대 형성을 일으킬 수 있기 때문이다.

▼
긍정의 메시지

20세기 후반 우리의 발전을 일구어낸 것은 '하면 된다'라는 긍정의 정신문화였다. 한국전쟁의 폐허 속에 원조를 받는 나라에서 원조를 주는 나라로 기록을 세운 것도 긍정문화의 산물이었다.

그런데 국가의 브랜드를 높이는 외형적 가치는 높아가고 있지만 개개인의 삶은 결코 그것과 비례하지 못하고 있다. 물질적 풍요에 비해 정신적 고양은 오히려 쇠퇴하고 자신감을 잃어가고 있기 때문이다.

우리는 지금까지 답을 기다리는 지시명령 속에서 살아왔다. 그것은 의존형 인간을 양산하는 동기가 되었다. 그러다가 어떤 문제에 부딪히면 해결의 실마리를 찾지 못해 안절부절 못하고 만다. 스스로 생각하고 움직이는 자립형 인간으로의 육성이 부족한 결과이다.

꿈과 희망을 갖게 하는 자신감이 없으면 사람은 무기력해지고 만다. 이때 가정이나 조직에서 구성원들의 의지를 돋우어 주게 하는 것이 바로 긍정의 메시지이다. 특히 새로운 일에 대한 부담감이 있어서 망설이거나 의기소침해 있는 사람에게 던지는 한마디는 그를 다시 소생시키는 마력을 갖게 한다. 나는 여기서 긍정의 메시지 방법으로 적당한 3가지 조어를 소개하고 싶다. 예를 들면 다음과 같다.

"우물쭈물하는 것은 평소의 박 대리 답지 않네. 어떻게 된 거지? 그 일은 박 대리밖에 없어."

"이 프로젝트를 깨끗하게 마무리 할 수 있는 사람은 바로 자네밖에 없네."

"이 문제는 김 선생 아니면 이루어 낼 사람이 없어. 김 선생이라면 해낼 수 있어."

"내 딸 옥순아, 너는 정말 멋져! 너라면 반드시 이루어 낼 거야. 아빠는 너를 굳게 믿는다."

"지금의 상황에서 이 조직을 이끌 수 있는 사람은 너뿐이야!"

이처럼 '~라면'과 '~밖에' 그리고 '~뿐'이라는 조어를 사용하여 긍정의 메시지를 보내자. 효과는 기대 이상의 결과를 가져온다. 상대는 내면에서 우러나오는 자신감을 갖게 된다. 타인으로부터 인정과 격려가 엄청난 힘을 발휘하게 하는 순간이다. 원래 인간은 누구에게나 기적을 일으킬 만한 힘이 잠재되어 있다. 그것을 이뤄내겠다는 강한 의지가 가슴속에서 용솟음쳐 나오는 순간부터 성취하는 길로 들어서게 된다. 이처럼 긍정적 기대는 긍정적 행동을 낳고 긍정적 결과를 가져오게 만든다.

어쩔 수 없이 하는 일은 스스로 하는 일에 비해 3분의 1정도 밖에 성과를 내지 못하고 피로의 정도는 스스로 하는 일에 비해 3배나 높다고 한다. 같은 일이라도 스스로 할 수 있게 긍정의 메시지를 어떻게 보내느냐에 따라 개인이나 조직의 활력은 엄청난 차이를 가져오게 한다. 우리는 평소 상대방을 긍정의 눈과 부정의 눈 중 어느 쪽으로 보는 데에 익숙해 있을까.

▼
인정하라

일반적으로 칭찬은 상대방의 행동이나 선택한 사실에 대해 찬사를 보내는 것이다. 이것은 가장 손쉬운 방법이기는 하나 그것만으로는 부족하다. 즉, 칭찬과 더불어 인정이 필요하다는 것이다.

인정은 사람의 가치, 성품, 장점 등을 올바르게 평가해 주는 것이다. 이것은 단순히 칭찬 자체가 목적이 아니라 내면에 있는 힘의 원천을 의식하고 행동으로 옮길 수 있는 촉매제 역할을 할 수 있게 해준다. 그러면 자신이 가정에서, 학교에서, 직장에서 또는 사회 어디에서든 '내가 중요한 존재'라는 것을 스스로 느끼게 해준다. 그래서 칭찬은 경우에 따라 3단계까지 해주는 게 좋다고 한다. 예를 들면 다음과 같다.

제1단계 과거의 잘한 점, 사실과 행동을 칭찬

"김 대리는 오늘 발표를 아주 잘했어!"

제2단계 현재의 재능, 가치, 장점, 성품 등을 인정

"뿐만 아니라 김 대리는 설득력과 호소력이 대단해."

제3단계 미래의 기대감을 칭찬

"김 대리의 활약으로 우리 부서의 경쟁력이 앞으로 한층 더 높아질 거야."

이쯤 되면 김 대리는 자신의 존재가치가 확실히 인정을 받고 있음을 느끼고 스스로에게 강한 동기부여가 될 것이다. 이로 인해 김 대리는 평소보다 훨씬 더 자신의 능력을 발휘하면서 조직에 기여하게 되고 더불어 조직도 함께 성장하게 된다.

우리에게는 칭찬과 더불어 공감과 인정을 나타내는 쉽고 멋진 말들이 있다. 예를 들면 다음과 같다.

1. 아주 좋아!, 아주 잘했어!, 아주 멋져!, 아주 괜찮아!

단순하게 "잘했어"라는 정도로는 칭찬의 강도가 너무 평범하고 밋밋하여 별 감정을 못 느끼게 한다. 힘이 실려야 제대로 된 칭찬이 된다. 기왕에 칭찬할 거라면 '아주'라는 부사 하나만 더 붙여도 듣는 쪽의 기분이 엄청

다르다. 이것은 이미 지나갔거나 행해진 또는 벌어지고 있는 결과, 즉 과거 사실이나 현재에 대한 칭찬 방법이라고도 할 수 있다.

2. 맞아. 바로 그거야!

이것은 답을 못 찾아 모두가 헤매고 있는데 누군가가 그럴듯한 해답을 내놓았을 때 할 수 있는 좋은 칭찬방법이다. 그러므로 이것은 현재 벌어지고 있는 상황에 대한 칭찬 방법에 가깝다고 할 수 있다.

3. 신 난다. 신 나!

내일 가족 모두가 소풍을 간다고 했을 때 어린이들은 두말없이 이 표현을 쓸 것이다. 이 공감의 표현은 누구나 쓸 수 있는 좋은 표현이다. 이 한마디로 웃음이 솟아나와 주변 분위기가 확 달라지는 경우를 많이 볼 수 있다. 이 표현은 특히 미래에 대한 것일 때에 더욱 실감이 난다.

이처럼 우리는 간단한 공감과 칭찬, 인정 표현의 한마디로 개인과 조직의 분위기가 바뀌게 됨을 경험해봤을 것이다. 너무 어렵게 생각하지 말고 조금만 시각을 바꿔도 세상을 즐겁게 살아갈 수 있다.

3
히딩크의
리더십

소통에서는 신뢰가 없으면 진행이 안 된다. 코치인 내가 너를 믿고 네가 나를 믿을 때만이 소통이 성립된다. 코치뿐만 아니라 리더가 조직을 이끌어가는데 필요한 덕목 중의 하나가 바로 신뢰 구축이다.

그러기 위해서는 리더(코치)가 먼저 마음을 열고 이야기해야 한다. 자신의 약점을 포함해 자신을 알리는 것이 순서이다. 그러면 자연스럽게 신뢰가 형성되기 시작하여 소통이 될 수 있는 분위기가 조성된다.

나는 2002년 6월 월드컵을 잊을 수 없다. 히딩크 감독을 앞세운 한국 축구팀은 포르투갈, 이탈리아, 스페인 등 유럽의 강호들을 연달아 격파했다. 히딩크 감독은 축구선수로서는 그다지 뛰어나지 않았으나 세계적인 명감독이었다. 무엇이 그를 세계적인 스타로 만들었을까? 그는 일단 선수로 발탁하면 끊임없는 신뢰를 보냈다.

이탈리아와의 경기 때 이탈리아의 복싱선수 출신 공격수와 한국팀의 수비수 김태영이 공중볼을 다퉜다. 그 순간 키 크고 몸이 좋은 이탈리아 선수가 팔꿈치로 김태영의 얼굴을 가격했다. 김태영의 코뼈가 부러지는 순간이었다. 김태영은 얼굴에 마스크를 하고 다시 그라운드에 나타났다. 얼마나 고통이 심했을까? 김태영은 수비수로서 공격도 가담하며 승리를 이끌어냈다. 히딩크가 선수에게 보낸 무한한 신뢰의 결과물이었다.

공자는 나라를 경영할 때 가장 중요한 것으로 식량과 병력 그리고 신뢰를 꼽았다. 그중에서도 신뢰가 가장 중요하다고 했다. 국민의 신뢰를 얻으면 식량이나 병력이 부족해도 다시 일어설 수 있다. 그러나 식량과 병력이 풍부해도 국민의 신뢰를 얻지 못하면 아무것도 이룰 수 없다고 했다.

황금 100근보다 한 마디 말이 더 중요하다. 상대방 마음의 문을 두드리려면 내(코치, 리더)가 먼저 신뢰 있는 언행을 해야 한다. 간웅으로 알려진 조조는 믿음으로 주변 사람들과 신뢰를 쌓았다. 일단 한번 내뱉은 말은 다시 주워 담지 않았다. 자신의 한 말에 대해 책임지고 반드시 행동으로 옮겼다. 제갈공명 역시 권력을 쥐면서도 예의와 신뢰를 잃지 않았다. 정치를 하면서도 사람들로부터 신뢰를 잃지 않았던 것은 그들이 한결같은 믿음을 주위 사람들에게 주었기 때문이다.

신뢰는 하루아침에 이뤄지지 않는다. 꾸준한 노력만이 해답이다. 가정에서 부모가 평소 아이들에게 신뢰감을 주지 못하면서 "이래라, 저래라"라고 한다면 통할까? 부부 간에도 마찬가지일 것이다. 기업이나 조직 역시 다를 바가 없다. 대기업이든 중소기업이든 어떤 조직도 리더의 신뢰가 무너지면 하부 조직이 흔들린다. 그것은 대외적인 신뢰도 하락으로 이어져 큰 파탄을 가져온다. 아무리 회복시키려고 발버둥 쳐도 원상회복까지는 갈 길이 멀다.

4

갈등과
위기 다루기

살면서 일하다 보면 주변과 늘 좋은 관계만이 상존하지 않는다. 크고 작은 일로 갈등이 생기기 마련이다. 그 갈등은 주로 나 또는 타인의 말과 행동이 원인이 되어 일어난다.

팀이나 조직 전체에서뿐만 아니라 갈등은 가정에서도 일어난다. 갈등은 감정을 상하게 한다. 갈등에는 원인 제공자와 피해 당사자가 존재한다. 때로는 양쪽 모두 원인 제공자가 되기도 피해 당사자가 되기도 한다.

갈등은 감정을 악화시킨다. 하루 종일 그 일이 머릿속을 맴돌며 떠나지 않는다. 그것 때문에 일이 순조롭게 되지 않는다. 머리를 식히고 마음을 가라앉히면 조금 나아지기는 하나 원천적으로 사라지지는 않는다. 갈등이 오래 지속되면 서로 간에 보이지 않는 냉전 양상으로 치닫는다. 장기화가 될수록 갈등해소는 어렵다. 그러다가 조직원들 간 편 가르기로 전염되는 바이러스성 갈등으로 진화하기도 한다.

건전한 갈등은 아이디어 창출과 혁신으로 이어질 수 있다. 그러나 대부분의 갈등은 대립으로 진행되어 조직의 기능 상실로 연결된다. 갈등은 당사자 두 사람 간에 해결할 수 있으면 최상이다. 그러나 쉽지 않다. 그러기에 중간 역할을 할 누군가가 필요하다. 팀 조직에서는 당연히 팀 리더의 몫이 된다.

팀이나 조직 전체에서 갈등이 발생했을 때 중간 역할자로서 리더가 지켜야 할 덕목으로 2가지가 있다. 하나는 절대 중립이다. 어느 쪽에 치우쳐서도 안 된다. 또 다른 하나는 대화 방법이다. 리더는 갈등해소를 위해 문제를 해결하려고 해서는 안 된다. 두 사람 간에 발생하는 차이의 근본 원인에 대해 먼저 이야기하도록 한다. 갈등은 서로 간의 차이이므로 먼저 잘 경청하는 것이 중요하다.

갈등의 근본원인으로는 커뮤니케이션, 상하관계, 목적과 목표의 차이, 오해와 일의 진행을 둘러싼 프로세스, 말과 행동, 이해타산, 인간관계, 이념이나 가치관의 차이 등 다양하다. 이 중 가장 어려운 것은 이념이나 가치관의 차이이다. 이것은 서로를 인정하지 않는 한 해결의 실마리를 찾기 어렵게 만든다.

중재자로서의 리더는 당사자들에게 먼저 2가지를 부탁한다. 마음을 가라앉힐 것과 서로 간의 비난금지이다. 그리고 나서 양자에게 갈등의 내용이나 원인을 이야기하도록 한다. 이때 리더는 각자에게 같은 시간을 할애한다.

이어서 각자가 바꿔서 상대의 의견을 간단히 요약하도록 한다. 자신과의 의견 일치점과 불일치점도 열거하게 하면 좋다. 그러면서 각자의 주장이 팀 또는 조직에 어떤 영향을 미치는지 이야기하게 한다. 다음은 "어떻게 하면 좋겠나?" 하고 각자에게 질문한다. 또 각자가 무엇을 양보하고 합의에 이르고 싶은지를 이야기하도록 한다. 이렇게 해서 발생되는 갈등은 조기에 해소되도록 한다.

그렇다고 인간관계의 갈등해소는 딱 부러지게 이것이야 하고 내세울 수 있는 일정한 공식이 없다. 당사자 모두가 넉넉한 마음의 공간을 갖고, 사랑과 이해로 협력하는 것만이 갈등을 최소화시킬 수 있다. 리더는 당사자들이 무엇을 원하는지, 무엇을 필요로 하는지, 무엇을 할 수 있는지 또 각자의 삶이 어떤지에 대해 늘 관심을 가져야 한다.

유홍준 교수는 《나의 문화유산답사기》에서 '아는 만큼 보인다'고 했다. 반면에 불교에서는 '네 마음만큼 보인다'고 했다. 사물은 마음의 투영일 뿐 우리가 지닌 정신의 깊이와 수준에 따라 달리 보이게 된다는 것이다. 마음을 어떻게 먹느냐에 따라 아무리 미운 사람도 한순간에 이해되고 갈등이 해소되어 괜찮은 사람으로 보일 수 있다. 그래서 모든 것은 '일체유심조一切唯心造'라 하지 않았던가.

알고 보면 별것도 아닌 것 가지고 소란을 피우는 경우도 종종 본다. 리더는 대립쟁점에 무게를 둘 것이 아니라 양자의 장기적인 관점에 초점을 맞춰야 한다.

갈등은 반드시 극복되어야 한다. 갈등을 극복하면 조직이 강해지고 단결력이 생긴다. 그리고 자신감이 생긴다.

▼
위기 대처 방법

위기는 발생하지 않는 것이 좋다. 그러나 위기는 언제 어디서나 일어날 수 있다. 다만 위기가 어느 정도인가에 따라 상황이 달라질 뿐이다. 우리가 미리 예측하여 대비한다면 그 확률이 적어질 따름이다. 위기는 국가, 사회, 가정, 개인 등에 구애되지 않고 일어난다. 발생 양상이 다름으로 대처 또한 다르다. 그만큼 복잡하다. 그래서 여기에서는 비즈니스 팀을 예로 들어 설명하기로 한다.

비즈니스 팀에서 일어날 수 있는 위기의 경우로는 어떤 것이 있을까. 수도 없이 많겠지만 패트릭 맥케너와 다비드 마이스터가 지적한 몇 가지를 예로 들어보자.

1. 회사의 중요 멤버가 회사를 그만둔다고 할 때
2. 팀의 중요 멤버가 사망했을 때
3. 팀원 중 누군가에게 불법이나 도덕적으로 큰 문제가 생길 때
4. 회사의 경제 사정으로 팀원 중 누군가가 해고될 때
5. 팀원 중 건강에 이상이 생겨 제 역할을 다하지 못할 때

6. 팀원들 간 알력으로 팀이 사분오열될 때

7. 팀이 중요한 고객을 잃을 때

8. 팀원들이 리더를 신뢰하지 않을 때 등

그렇다면 비즈니스 팀에서 위기가 일어났을 때 가장 중요한 것은 무엇일까?

1. 정확한 정보 입수이다.

어떤 상태의 위기든 거기에서 파생되는 가장 큰 특징은 소문이 무성하다는 것이다. 추측과 억측은 사태해결을 어렵게 만들 수 있다. 부정확한 정보는 모든 것을 과장시키기 때문이다. 그러므로 정확한 정보 입수로 사태가 악화되는 것을 막아야 한다. 이때 리더로서 갖춰야 할 가장 중요한 것은 냉정과 침착이다. 리더가 흔들리면 문제해결이 안 된다. 조직 전체가 갈피를 못 잡고 우왕좌왕한다. 리더는 냉철하게 사태를 바라볼 수 있어야 한다.

2. 팀 내의 커뮤니케이션이다.

위기 발생 시 리더는 상층부와의 채널을 가동하려는 데에 신경을 쓴다. 그것은 당연히 필요하다. 그리고 팀에서는 팀 내의 중요 멤버 몇 사람하고만 이야기할 수도 있다. 문제는 여기에서 발생한다. 이렇게 되면 팀 내의 분위기가 민감해질 수밖에 없다. 만일 팀 내 소통이 안 된다면 어떻게 될까.

논의와 결정에서 제외된 사람은 허탈감에 빠진다. 왜 내가 이렇게 되어야 하는지 자책한다. 저항하고 반항심이 생길 수 있다. 그 문제가 해결되고 다시 일을 하려고 할 때 의욕이 안 생기게 된다. 그러므로 전체와의 커뮤니케이션에 신경을 써야 한다.

3. 사실을 정확하게 팀원들에게 털어놓아야 한다.

잠시 위기를 모면하기 위해 거짓말하는 것은 좋지 않다. 진실은 머지않아 밝혀지게 되어 있다. 만약 리더 자신에게 문제가 있다면 솔직히 밝히고 용서를 빌어야 한다. 실수나 문제는 누구에게나 일어날 수 있으므로 솔직함 앞에서는 용서를 해준다. 다시는 그런 일이 되풀이되지 않기를 바란다고 해줄 수 있다.

그러나 사실 은폐는 최악의 상황을 맞게 해줌을 우리는 역사적으로 많이 보아 왔다. 좋은 예가 있다. 미국의 닉슨 대통령은 그 유명한 워터게이트 사건을 은폐하려고 거짓말을 했다. 미국인들은 정치인의 배신은 용서하더라도 거짓말은 받아들일 수 없었다. 결국 그를 대통령 자리에서 하야 시켰다.

4. 필요하다면 위기 대처 책임자를 뽑는 일이다.

리더라고 해서 모든 것에 정통하고 능력이 있는 것은 아니다. 위기의 상황으로 보아 리더보다 다른 구성원이 나을 것 같으면 회의를 통해 그를 뽑는다. 그렇다고 리더가 그 조직의 책임에서 일탈하는 것은 아니다. 계속 팀을 관장하며 상황을 해결해 나간다. 위기는 숨은 재능이 있는 사람을 발굴하는 기회가 되기도 한다.

위기는 잘 대처하면 조직에게 좋은 자극제가 될 수 있다. 구성원들 간에 강력한 연대감이 생겨나게 한다. 해이해졌던 정신이 재무장 될 수 있다. 위기 대처 능력도 배양된다. 어떤 어려움이 있어도 해낼 수 있다는 자신감이 우러나올 수 있다. 활력 넘치는 조직으로 재탄생 될 수 있는 기회가 되기 때문이다.

5
정제되고
유연한 언어를

말은 사람의 생각과 감정을 표현하기 위해 만들어진 도구이다. 우리의 삶은 말을 통해 영위된다. 말은 그 사람의 인격을 나타낸다. 말이 있으므로 소통이 되고 코칭이 된다. 언어는 연령, 지역, 학력, 전공, 또는 직업이나 직책에 따라 쓰임새가 다양하다. 다양한 만큼 어렵다. 코치나 리더는 유사한 계통의 사람들만 만나는 게 아니다. 따라서 유연하고 순발력이 필요하다.

리더와 코치의 언어는 상대방의 입장에 맞춰져야 한다. 상대방의 언어로 말하라는 것이다. 어린아이, 금융회사원, 시골 아주머니와 이야기를 할 때는 각 수준과 눈높이에 맞는 말을 사용해야 한다. 이것을 코칭에서는 코치와 상대방과의 한 방향 정렬이라고 한다. 한 방향 정렬이 되어야 대화가 부드럽고 자연스럽게 흘러간다.

이때 중요한 것은 단어의 선택이다. 코치와 리더는 전문용어를 피해야 한다. 말은 쉽고 간결하고 솔직할 때 힘이 있다. 그래야 삶의 변화를 가져오게 할 수 있다. 상대방의 입장과 상황에 맞는 단어를 써야 효력이 높아진다. 가령 사업에서 큰 손해를 보고 망연자실한 사람이라면 그 상황에 맞는 보다 더 신중하고 사려 깊은 말을 사용해야 하는 것은 두말할 필요가 없다.

말은 사람과 조직을 살리기도 하고 죽이기도 한다. 어떤 때는 이럴 수가 있나 싶을 정도로 막말을 하는 경우를 볼 수 있다. 2012년 4·11 총선 때 서울에서 국회의원 후보로 나왔던 김 아무개의 막말은 전국을 떠들썩하게 했다.

"미국에 테러를 하는 거예요. 유영철을 풀어가지고 부시, 럼스펠드, 그리고 라이스는 아예 강간을 해가지고 죽이는 거예요!"

유영철이 누구인가. 그는 21명을 성폭행하고 살인까지 저질렀던 악한이 아닌가. 그는 "나는 성폭행하고 살인할 때 자부심을 느낀다"고 말할 정도의 악질이다. 이것은 김 아무개가 2004년 어느 인터넷 라디오 방송에서 한 내용이다. 하나만 더 예를 들자.

"노인네들이 시청역에 오지 못하게 에스컬레이터, 엘리베이터를 모두 없애버리자"도 그의 말이었다. 사회의 리더가 되는 것은 쉬운 일이 아니다. 아무리 잘나가던 사람도 말 한 번의 실수로 구렁텅이에 빠지고 만 예를 우리는 수 없이 보고 있다.

내친 김에 최근에 일어난 한 가지 예를 더 살펴보자. 대형 카드회사의 개인정보 유출로 온 나라가 시끄럽고 국민들이 불안해하는데 경제부총리인 현오석 장관이 "어리석은 사람은 무슨 일이 터지면 책임을 따진다"며 마치 그 사건이 국민의 탓인 양 백성들을 졸지에 어리석은 사람으로 만들어 버렸다.

며칠 후 전남 여수 앞바다 기름 유출 대형사고가 발생했다. 그러자 윤진숙 해양수산부 장관이 삶의 터전을 뒤덮은 검은 기름에 속 타는 어민들 앞에서 '1차 피해자는 GS 칼텍스(정유사)'라는 말을 뱉어냈다. 마침내 윤 장관은 장관직에서 해임됐다.

말씀 어語 자는 말言과 나吾를 합친 글자이다. 말이란 곧 말하는 사람의 인격 그 자체이다. 하물며 일반인도 아닌 공직자가 그러한 말을 서슴없이 할 수 있다는 것은 무엇을 말함일까. 가슴 아픈 국민의 마음을 헤아릴 줄 아는 공감과 배려의 정신이 모자라도 한참 모자라다고 할 수밖에 없다. 지식을 많이 쌓아 장관의 반열까지 올라갔을지 모르나 참으로 지혜롭지 못한 아둔한 언행이었다.

코치와 리더는 깨끗한 언어를 사용해야 한다. 말은 생각과 행동과 태도를 변화시키는 고도의 지적 행위이다. 말은 있지만 마음으로 느끼는 배려와 공감과 감동이 없어져 가는 세상이다. 코치와 리더는 이 부분에 특히 신경을 써야한다. 말 한마디와 표정이 상대방의 삶에 지대한 영향을 줄 수 있기 때문이다. 언어는 선천적인 재능이기는 하지만 훈련을 통해서 얼마든지 향상시킬 수 있다.

말은 같은 내용이라도 어떻게 쓰느냐에 따라 결과는 크게 달라진다. 코칭에서는 자신이 알고 있더라도 일단 모른 척하고 대화를 계속하는 것이 좋다. 예를 들면,

"내가 알기로는 이것이 정답이라고 본다. 이렇게 해봐."

"그것은 어려울 것 같은데 다른 방법을 생각해봐."

이것은 흔히 우리가 쓰는 대화방법이다. 대신에

"이러이러한 방법도 있는데 어떻게 생각하나?"

"그것도 검토해볼 필요가 있겠군. 그것과 더불어 또 다른 방법이 있다면 어떤 것이 있을까?"

이와 같이 상대방의 입장을 살리면서 새로운 아이디어를 스스로 내도록 하는 것이 코칭이다. 이처럼 코칭에서는 어미나 마지막 말끝을 조금만 바꾸어도 코치형 대화가 되고 분위기가 확연히 달라진다.

6
장점과
상상력 키우기

　　가끔 우리는 "왜 나에게는 저 친구에게 있는 장점이 없을까?" 하고 생각하는 경우가 있다. 다른 사람들이 갖고 있는 모든 장점을 소유하는 사람이 이 세상에 있을까?

　코칭을 하다보면 상대방이 자신의 장점이 무엇인지 잘 모르는 경우를 종종 본다. 모른다기보다는 깊게 생각을 안 해봤기 때문에 얼른 대답을 못하는 것이다. 사람은 누구나 타고난 장점을 가지고 있다. 살면서 알게 모르게 장점을 활용하고 있지만 평소 느끼지 못하는 것뿐이다.

　장점은 자신이 잘하거나 타고난 능력을 갖고 있는 모든 것을 말한다. 그것은 정신적, 신체적, 감정적인 것을 내포한다. 가치관, 용기, 배려, 기술, 태도, 성품, 건강, 집중, 기여도, 학구열, 리더십 등 헤아릴 수 없이 많다. 장점은 꾸준히 몸에 배었을 때 나타난다.

힘은 남과 비교하여 우열을 가리는 것이다. 그러나 장점은 그것과 확연히 다르다. 장점은 그 자체로 의미 있는 것이지 남과 비교하거나 우열을 가리는 것이 아니다.

그러므로 코치와 리더는 상대방의 장점에 초점을 맞춰 목표를 달성하도록 도와주어야 한다. 우리는 자신의 성격유형, 행동 스타일, 커뮤니케이션 성향 등에 대해 검사나 평가를 받을 때가 있다. 누구에게나 장점과 보완점(약점 또는 단점)이 드러나게 된다. 사람들은 보완점에 신경이 쓰여 그것을 고쳐나가려고 무던히 애쓴다.

꼭 그래야 할까? 어차피 모자란 것은 모자란 것이다. 그것을 인지만 하고 조금씩 보완해 가면서 장점을 극대화시켜 나갈 때 목표달성의 지름길이 될 수 있다. 현재 자신이 갖고 있는 장점이야말로 가장 가치 있고 소중한 자원이 되기 때문에 코치와 리더는 상대방의 장점 발견에 초점을 맞춰야 한다. 장점은 쓰면 쓸수록 강해진다. 장점이 계속해서 개발되도록 격려하고 지지하며 한 단계 업그레이드 되도록 도와주는 것이 코치이고 리더이다.

대부분 상대방의 장점보다 나쁜 점, 잘 못하는 점을 먼저 찾아낸다. 이것은 인간이 갖고 있는 무의식적인 심리이다. 또 상사와 부하의 대면 시에도 부하의 장점을 머리에 떠올리기보다 "이놈은 이게 싫어", "아직도 멀었어", "영, 예의가 없어" 등을 먼저 생각하게 된다. 그것은 상사가 특별히 악의가 있어서가 아니라 자신이 상사라고 하는 우월의식과 자기만족에서 유래되는 것이라고 본다.

사람마다 장점보다는 보완해야 할 점이 훨씬 눈에 많이 띄게 된다. 그렇다고 당장 보완해야 할 점만 갖고 이야기하면 대화는 엉망이 된다. 꼭 그렇게 하고 싶다면 보완해야 할 점 하나에 장점 하나를 붙여서 이야기하는 습관을 갖는다면 어떨까?

코칭은 보완점 대신 장점을 감싸주는 멋진 스킬이다. 예를 들면,

"당신의 장점은 무엇인가?"

"지금의 상황에서 당신의 장점을 활용한다면 어떻게 될 것 같은가?"

"당신은 어떤 상황에서 당신의 장점을 극대화시킬 수 있나?"

때로는 코치 자신이 상대방의 장점을 살리도록 직접 이야기해도 좋다.

"내가 보기에는 당신은 이러한 장점이 있다고 보는데 그것을 이번 일에 활용할 수 없을까?"

"이번 일은 당신이 갖고 있는 ~한 능력이 최대한으로 발휘될 수 있는 기회로 보이는데 어떻게 생각하나?"

이것은 상대가 미처 생각하지 못했던 부분을 인식시켜 자신 없어 보이는 보완점을 강점으로 대치시키는 방법이다.

말춤으로 세계를 k-pop로 달구었던 싸이는 자신의 장점을 완벽하게 살린 케이스이다. 그는 한국인으로서 가장 널리 세계에 명성을 떨치고 있다. 타인을 즐겁게 하는 자신의 잠재능력을 최대한 살려 세계인을 즐겁게 만들 수 있는 재능을 그는 유감없이 발휘하고 있다. "우리 모두 이 자리에서는 체

면 같은 것 걷어치우고 신나게 한 번 놀아보자"고 말이다.

프랑스의 샹송가수 줄리에드 그레코는 움푹한 눈에 우뚝 선 코를 가진 볼품없는 가수였다. 상주르망 거리의 어느 카페에서 노래 부르고 있을 때 한 손님이 그녀를 보고 "와, 저 아가씨의 눈은 백만 볼트! 전압이 번쩍이는 것 같다"라고 하였다. 이날 이후 자신의 외모에 자신감을 갖고 속눈썹 외에는 화장도 안 했다.

장점은 누구나 최소한 2~3개씩은 갖고 있다. 사람은 그것에 만족하지 못하고 부족한 것에만 눈독 들인다. 그러다 보면 자신의 장점은 희석되어 나의 존재가치를 잃어버리고 만다. 그러므로 코치와 리더에게는 상대방의 장점을 자극하는 재능이 필요하다.

▼ 상상력을 자극하라

코칭은 현실을 바탕으로 미래를 열어가게 한다. 리더도 마찬가지이다. 미래를 만들어 가는 것은 상상력의 힘이다. 상상력은 곧 창조의 원천이기 때문이다. 우리는 어렸을 적부터 틀에 박힌 것에 익숙해 있다. 과거와 현재에는 쉽게 접근하지만 미래에 대해서는 깊게 생각하지 않는다.

이어령은 "창조적 발상은 아주 간단하다. 고정관념에서 벗어나는 것이고 이미 알고 있는 것을 낯설게 만드는 것이다"라고 하였다. 새로운 것을 아는 것보다 낡은 생각을 버리는 것이 중요하다고 한다. 코칭은 '앞으로 무엇을 하려는지' 묻는다. '그것을 어떻게 하고 왜 하려는지, 그리고 적절한지'를 묻는다. '그것은 개인뿐만 아니라 사회에 어떤 영향을 미치는지'도 묻는다. 이러한 질문은 미래의 나의 모습을 상상하게 한다. 그러면 자연히 '어떻게 하면 그렇게 될 수 있을까?' 하고 심도 있게 생각할 수밖에 없다.

상상력은 호기심의 발로이다. 바꿔 말하면 호기심이 상상력을 자극한다는 것이다. 에디슨이 수많은 발명품을 만들게 된 것도 어린 시절 호기심이 왕성해서였다. 그는 어렸을 적 학교생활에 적응하지 못하는 시쳇말로 문제아였다. 그러나 어머니는 칭찬과 격려로 상상력이라는 그의 특성이 지속되도록 했다. 인류 문명사에서 최고의 빛나는 업적을 그는 상상력을 동원한 발명으로 보답했다.

상상력이 가장 풍부한 사람은 어린아이이다. 이 세상이 뭐가 뭔지도 모르고 태어났으니 모든 게 신기하다. 그들은 호기심이 가득하여 다양한 질문을 던진다. 어른들은 몇 차례 대답하다가 이내 귀찮아져서 신경질을 부린다. 아이들도 머쓱하여 질문을 멈춘다. 상상의 나래를 펼칠 기회를 잃고 만 아이들은 그만 주눅이 들어 커서도 그저 그렇게 생활한다.

우리는 학교에서 사지선택형 또는 O×라는 단답형인 수렴적 사고력에 익숙해 있다. 꼬리에 꼬리를 무는 창의력 향상을 위한 발산적 사고력과는 거리가 멀었다. 그래서 질문에 즉답을 하는 기계적 사고방식으로 살아왔다.

남의 질문에 답만 하는 사람은 2류이다. 그런 사람은 모방만 할 줄 아는 패스트 팔로워fast follower에 지나지 않는다. 늘 의문을 갖고 앞서 나가는 퍼

스트 무버first mover인 1류가 안 된다는 뜻이다.

디지털 혁명의 주역인 스티븐 잡스와 빌 게이츠는 대학 중퇴자들이다. 그들은 상상력을 동원하여 어마어마한 결과를 만들어 냈다. 이스라엘의 벤처영웅인 도브 모란도 호기심에서 시작하여 우리가 쓰는 USB를 만들었다. 그는 미국에 발표하러 갔다가 노트북이 고장 나서 발표를 못하는 낭패를 맛보았다. 자료를 주머니에 갖고 다니면서 아무 컴퓨터에나 넣을 수 있으면 좋겠다는 호기심에서 만든 것이 USB 발명의 계기였다.

코칭은 질문을 통해 미래를 상상하고 그렇게 될 수 있도록 돕는다. 인생의 목표를 정하여 그것이 성취되도록 함으로써 충만한 삶을 살도록 지원한다.

7
다양성과 변화의 수용

"왜 저 사람은 그런 생각을 하지?"

"왜 이 사람은 얼굴이 까맣지?"

"그 사람은 말하는 속도가 너무 느려."

"왜 저 사람은 그런 종교를 믿을까?"

가끔 자신과 다른 경우를 보면서 고개를 갸우뚱한다. 우리는 어렸을 적부터 보고 듣고 느끼고 경험한 것에 기초하여 생각하므로 편견과 선입관을 갖는다. 코치와 리더가 그들의 역할로서 가장 어려운 것 중 하나가 바로 다양성의 인정이다. 편견과 선입관을 스스로 뛰어넘으려고 노력하지 않으면 코칭리더십을 발휘할 수 없다. 소통이 어렵게 된다.

한 배에서 나온 형제도 다르고, 1분 간격으로 태어난 쌍둥이도 다르다. 자신의 몸도 왼쪽과 오른쪽이 다르다. 결국 지구상의 70억 인구 중 같은 사람은 아무도 없는 셈이다.

　나의 생각과 의견이 다른 것은 틀린 것이 아니라 다른 것이다. 상대의 입장에서 보면 내가 틀린 것이다. 틀리다고 하는 것은 자신만의 닫힌 세계관에서 나오는 것이다. 얼마든지 다를 수가 있다. 그것이 곧 차이이다.

　스티븐 코비 박사도 힘은 유사한 것에서 나오는 것이 아니라 다양함에서 나온다고 했다. 차이를 인정할 줄 알아야 코치와 리더가 될 수 있다. 다양성에는 일반적이 아닌 특별함도 포함된다. 발명왕 에디슨은 어렸을 때 초등학교도 중퇴해야 할 정도로 문제아였다. 그는 "1+1은 왜 2가 되는 것일까?", "1+1은 1이 될지도 몰라" 등의 질문을 계속하다가 쫓겨난 것이다. 하지만 그의 어머니는 에디슨이 문제가 있다고 보지 않고 남들과 다른 특별함이 있다고 생각했다. 그래서 아들의 상상력을 키워 나갔다. 오늘날 사회문제가 되고 있는 소위, 문제아들에게 우리는 그들을 남들과 다른 특별함의 차원에서 봐야할 필요는 없을까.

　우리는 다양한 세계에서 살고 있다. 사람마다 성격, 학력, 종교, 나이, 취미 등 갖가지 다양한, 자기만의 것을 갖고 있다. 누구도 함부로 자신의 고유한 영역을 침범할 수 없다. 이 차이를 인정하지 않으면 불신과 반복이 야기된다. 이것이 도를 넘으면 갖가지 사건 사고가 이어지고 국가 간에는 전쟁이 일어날 수도 있다.

　다양성의 인정은 말처럼 쉽지 않다. 그러나 이것이 용인되지 않으면 소통이 안 된다. 코치와 리더는 다양성에 적응하는 능력을 키워야 한다. 최선의 방책은 상대방의 장점을 받아들이고 개인의 고유한 가치를 인정하는 것이다.

다양성을 인정하면 공존이 평화로워진다. 2012년 여름 부처님 오신 날 정율 스님이 명동성당에서 아베마리아를 불렀다. 만약 각기 다른 종교에서 자신의 것만 제일이라고 주장해 세상에 오직 유일의 종교만 남는다면 어떻게 될까? 요즘 너도나도 자식에게 공부만 열심히 하라고 한다. 그러면 축구는 누가 하고, 야구는 누가 하며, 노래는 누가 부르나. 다름이 있으므로 이 세상은 아름답고 재미있다.

우리나라에 온 결혼 이주 여성이 20만 명에 이른다고 한다. 우리 사회는 이미 단일 민족이 아니다. 다민족, 다문화 사회이다. 언제나 다 같다는 것은 억압받는 사회이고 발전이 더딘 사회이다. 코칭은 판단을 내려놓고 다름과 차이를 인정하며 공존하도록 돕는 데에도 의의가 있다.

▼
변화의 수용

고대 그리스 철학자 헤라클레이토스는 '변하지 않은 것은 오직 변한다는 사실 뿐'이라고 했다. 변화의 속성을 잘 나타내고 있는 말이다. 우리 속담에 '10년이면 강산도 변한다'라는 말이 있다. 그러나 아쉽게도 변화를 대하는 우리의 자세는 생각만큼 유연하지 않다.

코치와 리더는 스스로 변화를 수용함으로써 타인의 변화에 다가설 수 있다. 코치와 리더인 내가 먼저 변하지 않으면서 상대방에게 변화를 요구하는 것은 어불성설이다. 내가 변화된 생각과 행동을 그리고 감정을 보임으로써 상대방도 따라서 변하게 된다. 이것은 가정에서 부모가 어떤 모습으로 살아가느냐에 따라 자식들도 변하게 된다는 이치로 잘 설명할 수 있다.

변화는 사람에 따라 다르다. 변화를 즉시 받아들이는 사람이 있는가 하면 처음부터 거부하는 사람이 있다. 원래 우리는 현 상태에 익숙해 있으므로 안주하고 싶어 하는 속성이 있다. 그래서 변화가 필요하다고 하면서도 나 또는 자신과 관계된 일이라면 거부반응에서 벗어나질 못하게 된다. 그만큼 어렵다는 것이다.

개인적인 변화는 작은 습관에서부터 이뤄져야 한다. 아무리 사소하고 별것 아닌 것처럼 보이는 것도 3일을 넘기기가 어렵다. '작심삼일'이란 이야기가 그냥 나온 게 아니다. 계획해서 3일정도 되면 우리 몸에 부신피질 호르몬이 바닥이 나는 시점이라고 이시형 박사(2011)는 이야기한다. 이 고비를 잘 넘겨 3주 정도 되면 서서히 새로운 변화가 잡혀가기 시작하고 100일 쯤 되어야 나의 것으로 새로운 변화가 자리 잡게 된다.

기업과 조직도 끊임없이 변화를 추구하지 않으면 오늘날과 같은 글로벌 환경에서는 살아남기 어렵다. 예로 일본의 가전 업계를 들 수 있다. 한때 세계를 호령하던 일본의 전자군단 삼두마차(파나소닉, 소니, 샤프)가 경영위기에 몰리고 있다. 어쩌다 이렇게 됐을까. 최대원인은 과거 성과에 취해 글로벌 시장의 변화 흐름을 놓쳤기 때문이다. '우리가 곧 세계의 표준이다'라는 나르시시즘에 제 발등이 찍힌 셈이다.

　기술을 전수해주며 얕봤던 그들이 뒤늦게 '삼성 타도'를 외치며 생산규모 조정에 들어갔지만 그것은 경영과 제품의 혁신과는 거리가 먼 행보였다. 샤프의 오쿠다 다카시 사장은 "우리는 속도에 대한 개념이 없었다"고 후회했다. 파나소닉도 2010년 '경영의 신'이라 불리던 창업자 마쓰시타 고노스케의 이름을 딴 마쓰시타 브랜드를 버리고 해외 브랜드 '파나소닉'으로 바꾸는 변신의 몸부림도 있었다. 하지만 늦었던 것이다.

　반면 일본 자동차 기업이 세계적인 미국 기업을 이긴 사례는 우리에게 시사하는 바가 크다. 도요타 자동차는 말단 노동자까지 생산방식의 변혁과정에 참여했다. 기초를 튼튼하게 하는 조직전체의 혁신이 제품의 질을 가일층 높였다. 회사는 끊임없이 진전을 하고 있다. 그들은 지속적인 변화를 하고 있는 것이다. 도요타 혁신의 상징인 카이젠改善은 1997년 영국 옥스퍼드 영어대사전에 kaizen이라는 단어로 등재되어 있다. 이 단어는 오늘날도 그들의 생산현장에서의 혁신을 가져오게 했다. 그 결과 2013년도 세계시장 판매에서 998만대로 GM과 폴크스바겐을 제치고 2년 연속 1위를 차지하는 기염을 토했다.

　파멸위기에서 IBM을 구한 루거스너 전 CEO는 "우리 조직엔 언제나 무엇인가를 할 수 없는 그럴싸한 이유가 있다"라며 변화를 거부하는 IBM의 조직문화를 '안 돼NO 문화'라고 비꼰 적이 있다. 어느 조직이든 변화에 대한 저항과 갈등이 있음을 잘 나타내는 예이다.

변화는 위험을 안고 가는 것이다. 위험이 있는 곳에 기회가 있고 기회가 있는 곳에 위험이 있다. 이 둘은 분리될 수 없다. 이 둘은 함께 간다. 큰 산을 오르려면 반드시 큰 계곡을 넘어야 한다. 넓은 바다로 나갈수록 거센 파도를 만난다. 변화를 도모하겠다는 것은 어떠한 위험도 기꺼이 받아들이겠다는 각오의 또 다른 표현이다.

개인과 조직의 변화와 혁신은 코치와 리더의 역할에 따라 추진력을 얻을 수 있다. 목표를 추구하고 성과를 올리는 것은 바다에서 선장이 제대로 방향을 잡고 변화무쌍한 파도를 어떻게 헤쳐 나가느냐 하는 것과 같다. 하나 더 붙인다면 변화에는 시간과 끊임없는 노력이 필요하다.

대부분의 경우 변화는 또 다른 도전이다. 이 도전의 상태는 상대방의 현재의 상황이나 방향성을 탐구함으로써 일어날 수 있다. 이것과 관련된 질문의 예를 들어보자.

"당신은 지금의 상황에서 다른 상황으로 바꾸고 싶습니까?"
"당신은 무엇을 변화시키고 싶습니까?"
"당신에게 있어서 변화는 무엇입니까?"
"그 변화는 당신에게 어떤 영향을 주게 됩니까?"
"당신이 불만족스럽게 생각하는 것은 무엇입니까?"
"그것이 원인 되어 참고 있는 것은 무엇입니까?"
"그것을 인내함으로써 어떤 결과가 나왔습니까?"
"당신이 변화하지 않는다면 어떤 일이 벌어지겠습니까?"

"당신이 지금 모든 게 귀찮다고 하는 것은 무엇입니까?"

"당신은 이 문제를 그대로 안고 가겠습니까, 아니면 그것을 해결하는 방향으로 도전하시겠습니까?"

"변화를 방해하는 환경적 요인은 무엇입니까?"

"그 변화에 대처하는 데 도움이 되는 당신의 장점은 무엇입니까?"

"변화를 위해 당신이 갖고 있는 습관은 어떻게 바꿔져야 합니까?"

임파워링과 열정

임파워링Empowering이란 말은 일상에서는 잘 쓰이지 않는 단어이다. 이것은 서구 기업의 경영학 차원에서 약 20년 전부터 사용해오며 차츰 활용되기에 이르렀다.

이것의 사전적 의미는 '~에게 권한(권력)을 주는 것, ~에게 능력(자격)을 주는 것, ~을 할 수 있게 하는 것'이라고 되어 있다. 그래서 이것을 우리말의 한 단어로 옮기기 어려워 영어를 그대로 쓰고 있다.

임파워링에 대한 정의는 쓰는 사람마다 다르다. 그것은 기업의 경영과 조직행동, 심리학, 리더십, 코칭 등 다양한 분야에서 폭넓게 사용되고 있기 때문일 것이다. 나는 이것을 코칭의 관점에서 보아 다음과 같이 정의하려고 한다.

즉 '임파워링이란 동기를 부여하여 긍정적 마음 상태를 증대시킴으로써 자신감과 사명의식을 갖게 하고 스스로 결정하고 행할 수 있도록 위임하는 것'이라고.

코칭은 문제점이나 일 또는 관심을 갖고 있는 사람에게 임파워링 하여 목적을 달성하도록 하는 것이다. 그 과정에서 가장 중요한 것이 긍정적인 마음에서 우러나오는 자신감이다. 그 자신감은 외적 자극보다는 내적 욕구로부터 동기가 유발되게 해야 일에 대한 생산성을 높일 수 있다. 그래야 주도적인 시각에서 일을 처리해 나갈 수 있으므로 상황을 예상하고 자신 있게 처리하며 진행시켜 나갈 수 있기 때문이다.

자신감을 심어주기 위해서는 먼저 잘 경청하여 상대방이 어떤 장점과 능력이 있는지를 알아내야 한다. 그 자신이 갖고 있지 않은 것에 집착하거나 얻으려고 노력하는 것이 아니라 자신이 무엇을 갖고 있는지를 깨닫게 하는 것이 중요하다. 그 과정에서 칭찬과 격려 그리고 인정과 지지는 필수이다. 그러면 희망과 용기가 자연스레 생긴다.

능력이 전혀 없는 사람은 없다. 그러나 예를 들어 어떤 면에 30% 또는 50%의 능력이 있어도 자신은 능력이 없다고 이야기한다. 다른 사람과 비교하여 잘 못하므로 능력이 없다고 할 뿐이다. 이것을 단 10%, 20%만이라도 좋으니 끌어올리는 게 코칭이다. 여기에 임파워링이 크게 작용한다. 능력을 제대로 발휘하지 못하고 사장시키는 것보다 얼마나 좋은 일인가.

오늘날 많은 사람들은 불투명한 미래의 두려움 속에서 살아가고 있다. 그것이 10대든, 20대든, 30대든, 아니 50대 60대라 하더라도 고뇌에 찬 삶에서 벗어날 수 있는 사람은 아무도 없다. 때로는 고난과 울분을 참고 견뎌야 하며 타락하고 삶에 지쳐 쓰러지지 않으려고 발버둥 친다. 그래도 그토록 길고 지루하고 허망하게만 느껴지는 세월을 이겨낼 수 있는 힘은 어디에서 나오는 것일까? 그것은 꿈과 희망이다. 그리고 용기이다.

희망과 용기는 누가 갖다 주는 게 아니다. 그것은 내가 스스로 만들어 가는 것이다. 그런데 그것을 찾아내기란 쉽지 않다. 내 안의 숨은 능력을 찾아 꿈과 희망을 심어 주고 새롭게 목표를 달성할 수 있도록 누군가가 도와줘야 한다. 그가 바로 코치이다.

코치형 리더는 지시하는 것이 아니라 상대방이 스스로 설계하여 행동할 수 있도록 과감히 권한을 위임한다. 여기에 임파워링의 힘과 마력이 작용하는 것이다.

▼
잠자는 열정을 깨워라

사람들은 늘 무언가를 갈구하며 산다. 그중에서 인간이 가장 보편적으로 갈구하는 것은 권력과 명예 그리고 부귀이다. 이들 3가지를 다 얻을 수 있으면 좋겠지만 조물주는 한 인간에게 이들 모두를 주지 않는다. 어쩌면 하나도 갖지 못하고 방황을 하는 경우가 많다. 이럴 때 의기소침해지고 삶에 대한 의욕을 잃어버리는 경우를 우리는 많이 보아왔다.

어디 그뿐이랴. 아름다운 외모를 가진 사람은 학벌이 없어서 괴롭고, 조직을 이끄는 사람은 돈이 모자라 괴로워한다. 많이 배운 사람은 권력이 없어서 괴롭고, 돈이 많은 사람은 시간이 없어서 괴로워한다. 뭔가를 많이 가졌음에도 부족한 것 때문에 생기는 이 괴로움이 어느 한계를 넘으면 삶에 대한 의지를 꺾고 만다. 그러나 사람은 부족함이 있으면 그것을 채우려는 속성이 있다.

개인이든 조직이든 언제나 한결같이 상승곡선을 그리며 잘나가는 경우는 없다. 수학에서의 사인 곡선처럼 상승과 하강을 반복하는 게 세상사이다. 하지만 굽이굽이마다 누군가의 한마디가 인생을 바꾸어 놓을 수 있다. 그것은 조직을 재점검하고 새롭게 나가게 하기도 한다. 이게 코칭이 주는 또 하나의 힘이다.

나는 20대 젊은 시절에도 어렵고 고단한 가난의 굴레 속에서 헤어나지 못하였다. 학벌도 좋지 못하였고 몸마저 많이 망가져 있었다. 국군통합 병원에 입원해 있다가 몸이 채 낫기도 전에 해군 중위로 만기 전역되었다. 성치 못한 몸으로 고향에 오게 되니 집안에는 어두운 그림자가 더욱더 드리워졌다. 암울한 나날이 이어진 것이다. '어떻게 해야 하나?'

고민에 고민을 거듭해 보지만 답이 안 나왔다. 별별 생각이 다 났다. 세상이 야속하고 미웠다. 그러던 어느 날 대학 은사님 한 분이 나를 보자고 하셨다. 그분은 돈도 없고 백도 없는 그리고 건강마저 잃어 내세워 볼 것이라고는 하나 없는 초라한 나를 잘 알고 계셨다.

"앞으로 어떻게 할 생각이냐?"

대답을 못했다. 한참 동안 정적이 흘렀다. 내 눈에서 눈물이 글썽이는 모습을 보이고 말았다. 스스로 약해지지 말자고 다짐하며 나왔지만 한 방에 무너져 버린 것이다. 침묵이 흘렀다. 드디어 교수님이 말문을 여셨다.

"너의 꿈은 무엇이냐?"

"이대로 묻혀 버린다면 너의 인생은 어떻게 되냐?"

"먼 훗날 너는 어떤 사람으로 기억되길 바라냐?"

"너의 그 열정은 다 어디로 갔냐?"의 질문과 더불어

"너무 괴로워 마라. 너는 할 수 있다. 다시 일어나라. 그리고 도전하라"라고 하셨다.

이 몇 마디에 정신이 번쩍 들었다. 그때까지 나는 어느 누구한테서도 이처럼 진지한 질문을 받아보지 못했다. 혼자 고민하고 답하고, 또 고민하고 답하곤 하였을 뿐이다. 그런데 은사님으로부터의 의미심장한 몇 마디 질문이 나를 다시 태어나게 만들었다. 열정은 하고 싶은 일을 할 때 생긴다. 잠들어 있는 나의 열정은 그렇게 해서 다시 소생하기 시작했다. 불편한 몸이었지만 동경 유학 시험 준비가 그때부터 본격적으로 가동되기 시작한 것이다.

개인이든 조직이든 발휘되지 못해 잠자고 있는 열정이 있다. 그것을 어떻게든 끌어내어 불타는 의지로 만들어 내는 것이 코치와 리더의 역할이다. 성취를 하려면 열정이 필수이기 때문이다.

스스로 변하게 하라
— 조직과 임원

chapter 5

**스스로
변하게 하라
— 조직과 임원**

1
왜 조직과 기업에 코칭인가

오늘날 세계는 한 치 앞을 내다보지 못할 정도로 빠르게 변화하고 있다. 개인은 물론 어느 조직과 기업도 한눈팔다가는 먹히는 세상이 되어 버렸다. 이러한 변화는 사람이 이끌고 있기 때문에 해결 또한 사람이 해야 한다. 이것을 위해서는 사람과 과업에 대한 문제를 동시에 해결해 나가야 하는데 그 스킬 중 하나가 바로 코칭이다.

코칭이 우리나라에 소개된 것은 10여 년 정도밖에 지나지 않는다. 그래서 지금까지는 코칭이 뭐하는지를 알리는 데에 많은 노력이 투입되었다. 그 결과 최근 조직과 기업에서도 인재 개발과 리더 육성을 중심으로 코칭을 도입하기 시작했다.

우리나라는 고도의 경제성장을 이루면서 쉼 없이 잘 달려 왔다. 두말할 필요 없이 권위형 리더십 하에서라도 조직과 기업은 거칠 것이 없었다. 그러나 이제 상황은 심각하게 달라지고 있다. 실제로 노사갈등, 이직률의 증가와 팀워크의 저하, 기업과 기업, 조직과 조직 간의 치열한 경쟁, 리더십 부족으로 인한 상부와 하부 간의 갈등, 고객의 다양한 요구 등 이루 헤아릴 수 없는 난제가 우리들 앞에 떡 버티고 있다.

이러한 문제들을 코칭의 스킬을 통해 해결해 나가려고 하는 것이 세계적인 최근의 동향이다. 미국이나 일본 등에서 개개인의 인재개발에 초점을 맞춰 코칭을 활용했더니 '매우 좋았다'라는 결과들이 나왔다. 그러자 기업과 조직에서는 인재개발 방법으로 코칭을 적극적으로 활용하기 시작하였다. 즉, 계속적으로 코칭을 도입했더니 실제로 코칭에 의해 가져오는 이익이 크다는 것을 알게 된 것이다.

코칭은 소모성 비용의 대상으로 생각하면 요즘과 같은 불황기에는 별로 쓸모가 없다. 그러나 경비 삭감대상이 아니라 오히려 불황기일수록 살아남을 수 있고 미래를 열어 희망의 빛을 거머쥐게 할 수 있는 필수불가결의 대상이라고 본다면 코칭은 조직과 기업경영에 필수요소이다.

그러면 조직과 기업에 코칭은 주로 어떻게 활용되고 있을까. 크게 본다면 커뮤니케이션, 인재 육성, 리더십 개발, 조직 변혁과 생산성 향상 등으로 나눌 수 있다. 커뮤니케이션과 인재 개발, 그리고 리더십 개발은 주로 사람에 초점을 맞춘 것이고 조직 변혁과 생산성 향상은 주로 과업에 중점을 두는 것이라고 할 수 있다. 그 외에도 조직원의 능력을 고취시키기 위한 동기부여, 커리어 개발, 팀워크 강화, 새로운 프로젝트와 신규사업, 열정과 비전에 대한 조직원 모두의 한 방향 정렬 등 코칭이 관여하는 영역은 수없이 많다.

미국 기부문화의 창시자로 알려진 앤드류 카네기는 철강사업에서 벌어들인 3억 5000만 달러를 기부했다. 현재 가치로 70억 달러(7조 8000억 원)이다. 그는 250개의 도서관을 짓는 등 미국 지역사회 발전에 기여했다. 그동안 우리 기업들도 "어떻게 하면 성공한 만큼 사회에 환원할 수 있을까?"라는 질문을 던졌다. 요즘은 "어떻게 하면 소비자와 공감대를 이루고 지역사회 발전을 함께 고민할 수 있을까?"라는 질문을 던진다. 단순한 밥벌이 직장으로서의 조직이 아니라 나와 조직이 궁극적으로 추구하는 목적과 비전이 일치할 때 한 방향 정렬이 될 수 있다.

모든 조직과 기업을 이끄는 것은 사람이다. 구성원들이 스스로 행동하도록 주체적이고 자율적이며 자주성을 갖게 할 때만이 조직은 경직됨 없이 활력적으로 움직일 수 있을 것이다.

가끔 조직과 기업에서는 '나는 코칭 안 받고도 이렇게 성공했다'라고 하는 사람이 있기 마련이다. 그것은 사실이다. 그런데 코칭을 받았다면 어떻게 되었을까. 자신과 조직이 목표로 하는 것을 더 쉽게 더 빨리 더 많이 이뤄냄으로써 지금보다 훨씬 나아지지 않았을까? 코칭은 현재 별 탈 없이 잘 나가는 개인이나 조직을 더 성장할 수 있도록 지원하는 기법이기도 하다.

2
코칭은
조직과 기업에
어떻게 이용되고 있나?

변화에는 한계가 없다. 치열한 경쟁체제 속에서 살아남기 위해서는 예전처럼 위에서 지시를 하고 밑에서는 그것을 수행하는 고리타분한 문화에서 과감히 벗어나야 한다. 변화에 신속히 대응하고 변화를 주도해 나가려면 조직의 리더와 구성원들 모두의 사고방식과 행동양식에 변혁이 필요하다.

조직과 기업에서 이용하는 코칭의 내용을 사람들은 크게 5가지로 요약한다.

1. 커뮤니케이션

이것은 조직뿐 아니라 개인 간에도 오늘날 최대의 화두이다. 아무리 잘 나가는 조직이라도 수평적, 수직적 커뮤니케이션이 잘 안된다면, 성과가 나오고 있다 하더라도 그것은 단기적인 것에 불과하다. 이것은 종적, 횡적으로 흐름이 있는 것 같기는 하나 그 굵기가 얇아 금방 끊어지기 쉽다. 형식적이고 외형적으로만 있는 지시적이고 일방적인 커뮤니케이션이 갖는 취약점이다.

커뮤니케이션은 쌍방향일 때 생기가 돌고 활력이 솟아난다. 하부의 이야기가 상부로 전달되고 상부에서 심도 있게 검토되는 문화가 되어야 한다. 요즘은 인터넷과 각종 SNS의 발달로 모든 정보가 오픈 되어있고 공유화 되고 있다. 과거처럼 대부분의 정보를 상부에서 독점하다시피 하던 시대는 끝이 났다. 어쩌면 하부에서가 더 빠르게 더 확실한 정보를 가질 수 있다. 또한 많은 문제들은 탁상에 있는 것이 아니라 현장에 있다. 그 해답 역시 탁상이 아니라 현장에서 찾아야 풀린다는 우문현답(우리들의 문제는 현장에 답이 있다)이 바로 그것이다.

월급이 많고 복리 후생이 다른 데 비해 아무리 좋은 직장이라도 윗사람과의 소통이 잘 안되면 일터에 대한 매력이 없어진다. 매사에 짜증이 나고 열정이 사라진다. 자존감이 약화되고 자신감을 상실하게 된다. "사람들은 회사 보고 왔다가 상사를 보고 떠난다"고 한다. 그래서 "여기 아니면 밥 못 먹고사나!" 하고서 일터를 박차고 나오는 예를 우리는 심심찮게 보고 있다. 지금까지 조직이 투자한 것을 생각한다면 적은 손실이 아니다. 코칭은 이러한 실수를 사전에 예방해 주는 역할을 한다.

2. 인재육성

바늘구멍보다도 들어가기 어렵다는 직장에 취직했다고 끝난 것이 아니다. 사람은 미래를 향한 꿈이 있고 성장에 대한 욕망이 있다. 그러나 조직 속에서 이것을 키워가기란 하늘에 별 따기다. 사람들은 수직적 승진을 통해서만 다양한 경험을 겪는 것이 보통이다. 이런 것이 없으면 업무구분을 넘어선 경력개발을 할 수 없다. 그렇게 해서는 유능한 인재들이 보따리를 쌀 수밖에 없다. 그들에게 횡적인 네트워크와 더불어 창조적이고 자발적인 인재로 클 수 있도록 교육과 변혁의 기회를 줘야한다. 그래서 차세대 리더로서의 육성에도 코칭은 효율적이다.

조직의 대소를 막론하고 그곳의 승패는 리더가 어떤 사람이냐에 달려있다. 60~70년대까지만 해도 우리보다 잘 나가던 나라들이 어느 순간 나락으로 떨어져 가난과 질병의 고통에서 헤어나지 못하고 있음을 우리는 잘 보고 있지 않는가.

과거에는 윗사람이 모든 것을 결정하여 지시 명령만 하여도 잘 굴러가던 시대가 있었다. 그러나 오늘날은 폐쇄적이고 수직적이며 경직성 지시로는 주위가 제대로 돌아가지 않는다.

3. 리더십 개발의 중요성

이제는 관리형 리더십이 아닌 창조형 리더십이 필요한 시대이다. 그러기 위해서는 남을 배려하고, 타인을 섬기는 소위 서번트 리더십(섬기는 리더십)

이 필요하다는 것이다. 이것은 사람의 마음을 사로잡는 리더십이다.

이제는 그 많은 일들을 혼자서 결정하고 지시하고 보고받는 만기친람 親覽으로는 미래를 창의적으로 열어갈 수 없다. 복잡다단한 환경을 효율적으로 헤쳐 나가려면 위임의 리더십으로 주변에 신뢰를 보내야 한다. 아무리 훌륭하고 위대한 사람일지라도 능력에는 한계가 있다. 나에게 없는 자질은 다른 사람이 가지고 있다. 자신과 타인의 장점을 알고 보완해야 할 점은 뭣인지를 알아야 리더가 될 수 있다. 이러한 리더십 개발과 육성은 코칭을 받고 코칭 스킬을 익힘으로써 빠르게 발전할 수 있다.

4. 조직변혁

어떠한 조직도 시대의 변화에 신속하게 대응하고 혁신해 나가야 살아남는다. 이것은 유연하고 활력 있는 조직이어야 가능하다. 조직을 확대시킬 것인지, 축소시킬 것인지, 아니면 경쟁자들과 제휴, 합병해야 할 것인지, 또는 공동 사업으로 가야할 것인지 등을 심층적으로 검토해야 할 때가 있다. 사람들은 누구나 어떻게 했으면 좋겠다는 생각은 있다. 그러나 그것을 정리하고 편집하여 물건으로 만들어 내는 데에는 취약하다. 여기에 코칭의 중요성이 대두된다. 단순한 코칭 스킬이 아니라 고도의 스킬이 필요한 것이다. 더불어 여기에 액션러닝이라는 또 다른 스킬을 접목시킬 수 있다면 더욱 효과적인 방법이 될 수 있다.

5. 생산성 향상

　모든 조직은 결과적으로 아웃풋Output을 가지고 이야기한다. 목표로 하는 생산효율 지표가 달성되거나 더 높아야만 그 조직에는 활기가 넘친다. 그러기 위해서는 무엇보다도 구성원의 사기가 높아야 한다. 기계가 제대로 돌아가고 불량품이 현저히 감소하여 수요자들로부터 항의(크레임)가 없으면 생산효율은 자연히 올라가게 돼 있다. 아무리 불황이라도 협력을 통해 난관을 극복하는 방법을 생각하고, 마케팅 등 복잡한 요인을 풀어나가는 데 필요한 스킬이 바로 코칭이다.

3
삶의 균형을 찾다

 어떤 조직에도 수평적, 수직적 계층이 있게 마련이다. 그중에서도 수직적 신분 상승이 이뤄지게 되면 위상이 크게 달라진다. 특히 임원이 되면 국가 같으면 한 지역의 성주와 같은 입장이 되는 것이나 다름없다. 임원이 되면 주위로부터 찬사도 받지만 그만큼 지금까지와는 또 다른 냉혹한 현실에 부딪치게 된다. 어느 조직 전체를 이끌고 나가면서 기업에 성과를 가져와야 하는 큰 부담을 짊어지기 때문이다. 1990년대 중반경부터 미국을 중심으로 리더십 개발의 방법으로 주목받기 시작한 것이 임원 코칭이다.

 임원에게 가장 먼저 필요한 것은 리더십 개발이다. 임원에게는 자신의 노력보다도 어떻게 하면 다른 사람들의 능력을 이끌어내어 성과를 낼 수 있는가가 최우선 과제이다.

 "어떻게 하면 부하직원들로부터 신뢰를 얻으면서 한 조직의 수장으로 일할 수 있을까, 서로 보이지 않는 경쟁관계에 있는 임원 동료들과는 어떻게 해야 협력을 얻어낼 수 있을까, 어떻게 하면 자신이 속한 조직의 프로젝트가 기업 전체의 프로젝트로 채택될 수 있을까, 어떻게 하면 고객과 오너와도 좋은 관계를 유지할 수 있을까?" 등에 대한 리더십 개발이 임원 코칭의 일례이다.

그 다음으로 필요한 것은 조직의 성과이다. 기업은 성과를 내는 게 존립 목적의 하나이다. 이것을 위해 현상을 파악하고, 필요한 정보를 수집 분석한다. 그것을 토대로 해결책과 실행계획을 세워 검증하고 행동에 옮기도록 한다.

임원 코칭에서 다루는 내용은 중요성과 기밀성이 요구된다. 그러므로 코치와 임원 서로 간의 돈독한 신뢰관계가 선행조건이다. 그래야 정리되지 않는 정보와 구체화되지 않은 부분을 심도 있게 다루면서 기업의 성과를 창출할 수 있다.

조직에서 임원급으로의 수직 상승은 많은 부분을 내려놓아야만 했던 결과의 산물이다. 예를 들면 조직 이외의 인간관계에 있어서는 많은 희생과 어려움이 뒤따를 수밖에 없었다. 그러나 임원급이 되고 보면 서서히 자신을 돌아보는 시간이 생긴다. 즉, 스스로를 성찰하게 된다는 것이다.

이때 코칭이 필요하다. 그들에게 필요한 것은 어떻게 하면 삶의 균형을 유지할 수 있도록 하느냐는 것이다. 지금까지 크게 신경 안 썼던 건강, 부부 간, 부자 간, 이웃 간, 친구 간 그리고 회사를 떠났을 때의 앞으로의 삶, 미래 계획 등에 대해 차분히 생각하고 설계할 수 있도록 하는 것 또한 임원 코칭의 테마 중 하나이다. 임원 코칭에서 다루는 문제는 이러한 것 외에도 많다.

조직에서 매니저급 이하의 코칭은 사내코치를 양성하여 활용할 수도 있다. 그러나 임원 정도가 되면 사내의 사람에게 말하기 어려운 것과 본인이 미처 깨닫지 못한 점을 스스럼없이 지적할 수 있어야 하므로 사외코치를 많이 활용한다.

4

회사 충성도와 만족도를 높이는 법

　　　　　코칭은 구성원들의 개인적, 직업적 발전뿐만 아니라 기업에도 큰 영향을 미치고 있다는 조사 결과들이 나오고 있다. 이토 등(2010)이 일본 코치협회가 2009년 조사한 결과를 토대로 발표한 것을 참고하여 몇 가지 예를 들면서 소개하기로 한다.

　그것에 따르면 코칭 실시기업 중 70% 이상이 상당한 성과와 효과가 있었다고 답하고 있다. 성과를 실망하거나 효과가 없었다는 경우도 물론 몇 % 존재한다. 부하와 조직에서 보인 구체적 성과 중에는 '상사와 부하와의 커뮤니케이션이 원활하게 되었다(40%)'라는 것이 최대의 변화로 나타났다. 그 다음이 사원의 생각이 전향적(38%)이고 적극적으로 자신의 의견을 나타내는 순으로 조사 되었다.

　한편 개인에게 보인 성과로는 부하에게의 접근방식 변화로 부하를 육성하게 되었다는 것이 첫째였다. 이어서 사람의 말을 도중에 끊지 않고 끝까지 들을 수 있게 되었다. 자신의 생각을 상대가 알 수 있게 전달하도록 되었다. 사람의 기분을 헤아리게 되었다는 순이었다. 이들 부분 역시 타인과의 커뮤니케이션 능력 향상으로 귀결된다고 할 수 있다. 이렇게 되니 자연히 팀 결속력도 높아져 조직 전체가 활기 있고 생산성도 향상되었다는 것이다.

또 어느 의약품 회사에서 팀 리더의 스킬을 조사했더니 듣기 능력, 질문 능력, 칭찬 인정능력, 제안 능력, 개별대응능력이 높아져서 팀 업적이 향상되었다고 한다.

코칭이 조직에게 주는 또 다른 성과로는 이직률이 줄어든다는 것이다. 특히 최근에는 신입사원이 1년 내에 퇴사하는 경우가 24%에 이른다는 보고가 있다. 입사해서 몇 년 내에 퇴사해 버리면 회사로서도 보통 손실이 아니다. 그동안 들인 채용 홍보, 인적성 검사, 연수 등의 비용이 적지 않아 회사로서는 손해가 클 수밖에 없다. 한국경영자총협회에서 조사한 바에 따르면(2012년 말), 신입사원의 조직적응 실패가 43%로 나타나고 있다. 일본의 어느 음료 회사에서는 어느 해에 이직률이 52%였던 것이 코칭을 도입한 후 6%로 급감했다고 한다.

코칭을 받게 되면 직원 만족도가 높아 바로 성과로 이어지게 된다. 미국 시어스Sears사가 관리의 질을 개선했을 때 직원들의 태도와 고객의 만족도가 얼마나 달라지는지를 조사한 적이 있다. 그 결과 직원 만족도가 겨우 5% 높아진 것만으로도 매출이 0.5% 증가다. 0.5% 증가는 매출액이 큰 경우는 대단한 수치이다. 이처럼 코칭은 관리능력은 물론이고 직원과 고객 만족도 향상에도 큰 기여를 하고 있다.

조직 내에 코치를 별도로 둘 수만 있다면 얼마나 좋겠는가. 그것이 여의치 않은 게 현실이다. 그래서 조직 내에 코칭교육을 받은 사람으로 하여금 그 역할을 하도록 하는 경우도 있다. 반면에 조직 내 전원이 코치형 마인드를 갖게 할 수 있다면 더욱더 바람직하다. 그러기 위해서는 전원을 대상으로 코칭교육을 일정기간 실시하는 방법도 있다. 그러면 교육 받은 구성원들은 스스럼없이 일상적으로도 코치로서의 면모와 언행을 하게 되므로 조직 내 분위기가 달라진다. 생산성이 올라간다.

코칭전문가가 되는 데에는 긴 시간이 걸린다. 그러나 위에서처럼 코칭교육 받으면서 익히거나 또는 좋은 참고서를 읽으며 생각나는 것을 한 번 활용해 보는 것만으로도 코칭은 가능하다. 아마추어 코치로서 한 번 해보고자 하는 마음이 가장 중요하다.

오늘날 조직은 팀으로 일을 많이 한다. 팀은 협력을 바탕으로 일을 해야 하므로 구성원의 강점과 다양성을 어떻게 이해하고 활용하는지가 관건이다. 갈등을 최소화시키며 목표를 달성하도록 하는 데에도 코칭의 성과가 크게 자리 잡고 있다.

스스로 생각하고 움직이게 하라
- 팀과 리더

chapter 6

스스로 생각하고
움직이게 하라
- 팀과 리더

1
팀이란 무엇인가

    오늘날 기업이나 크고 작은 조직에서 팀이라는 그룹을 많이 활용한다. 그룹은 단순히 집단이라는 의미로 사용되어 특별한 조직이나 구조를 지칭하는 것이 아니다. 그러므로 종류가 다양하다. 그것은 팀일 수도 있고 관리나 조직상 필요에 의한 그룹일 수도 있다. 또는 그 중간의 성격을 띠는 그룹일 수도 있다.

  그러면 팀이란 무엇인가. 웹스터 사전에 의하면 팀의 정의 중 하나는 '서로 협력적으로 일하는 사람들의 집합'이라고 되어 있다. 팀은 개인과 팀원 모두가 공동의 목표를 향해 일하고 책임 또한 모두가 함께 지는 그룹인 것이다.

  이에 비해 업무그룹은 공동의 목표나 프로젝트를 위해 함께 일하기는 하지만, 각 개인은 자신의 목표를 위해 독자적으로 일을 한다. 또 업무 그룹은 책임을 공동으로 함께 지지 않으므로 협력적 차원으로 일을 하지 않는다. 각자의 목표 달성이 우선인 것이 업무그룹이다. 이를테면 회계팀, 고객서비스팀 같은 것이 업무그룹에 속한다고 할 수 있다. 그러므로 여기에서는 업무그룹이 아닌, 공동의 목표를 가지고 멤버 모두가 공동의 책임을 지는 협력적 조직인 팀을 중심으로 기술하기로 한다.

어떤 목표를 완수하기 위해 모인 팀원들은 전문성과 각각의 특성들이 다를 수 있다. 팀의 장점 중 하나는 한 사람 또는 다수의 공통된 지식과 자원보다는 각기 다른 집합적 자원(지식, 경험, 정보 등)이 훨씬 강하고 다각적인 차원에서 문제를 바라볼 수 있다는 것이다. 그 해결책 또한 다양한 관점에서 찾아낼 수 있기 때문에 세계적으로 유행처럼 번져나가고 있다.

팀의 크기는 표준화된 것이 없다. 6명에서 25명 정도의 구성원이 적당하다고 보는 것이 일반적이다. 구성원이 너무 많으면 의견을 모으기가 쉽지 않고, 서로 떠맡겨서 책임감이 희박해질 수 있기 때문이다. 또한 팀 리더 한 사람이 관리하고 코칭하며 팀을 이끌기가 만만치 않다는 경험적인 결과라고도 볼 수 있다.

반면에 구성원이 6명 이하면 팀으로서의 세력이 위축되고 상호 의존감이 떨어짐을 느끼게 된다. 그리고 부득이 누구 한 사람이라도 팀 회의에 결석이라도 하게 되면 분위기가 썰렁해져 추진에 탄력이 떨어지게 되는 것도 요인의 하나이다.

팀의 지속 기간은 일의 종류에 따라 다르지만 몇 개월에서 2~3년 정도로 하는 경우가 많다. 그러나 대형 프로젝트인 경우는 훨씬 더 장기적으로 시한을 잡기도 한다. 이 경우에도 사전에 기한을 명시하는 것이 효율적이라고 할 수 있다. 그래야 모두가 긴장하고 기간 내에 반드시 이뤄내겠다고 하는 스스로의 다짐이 있을 수 있기 때문이다. 물론 회계팀 같은 팀은 특정 기한 없이 함께 일하기도 한다.

2
코치와
팀 리더의 역할

팀은 팀원과 팀 리더로 구성된다. 여기에 코칭 시스템이 적용되게 되면 코치가 합류된다. 코치는 직위도 직급도 아닌 지원하는 위치이다. 코치는 팀 리더가 팀을 원활하게 이끌어 갈 수 있도록 코칭하고 돕는다. 또 팀원들을 대상으로 필요시 언제나 1:1 코칭을 하여 팀 본래의 목적을 차질 없이 수행하게 한다.

팀의 존재 목적은 뛰어난 성과창출이다. 그것을 위해 리더가 챙겨야 할 것은 무엇일까.

1. 팀의 비전이나 목적을 명확히 정한다.

비전은 팀의 미래상이다. 목적은 팀이 가고자 하는 방향을 제시한다. 목적이 불분명하면 팀은 궤도를 이탈한다. 목적은 팀이 존재하는 이유를 설명해주는 기본틀이다. 그러므로 팀의 비전이나 목적은 팀원 모두가 참여하여 공동으로 만들어야 한다.

2. 팀이 이루어내야 할 목표를 설정한다.

목표가 세워져야 그것을 실현하기 위한 세부계획이 마련된다. 그것에 따라 리더와 각 개인이 또는 또 다른 특별전문위원회 Task force 등의 구성 등으로 할 일이 결정되게 된다.

팀의 목표는 도전할 만한 가치가 있는 것이라야 한다. 주목할 만하고 화제의 중심이 될 수 있을 정도이면 더욱 좋다. 목표를 정하는 데에는 헝그리정신이 필요하다. 팀을 구성할 정도의 과제라면 일의 수행과정에 만만치 않은 저항에 부딪힐 수 있다. 그것을 극복하고 스트레스를 잘 헤쳐나감으로써 이뤄내고야 말겠다는 강한 의지가 있어야 한다는 것이다.

처음엔 얼떨결에 목표에 동의하나 차츰 회의를 느껴 겨우 따라가는 식이 되어서는 안 된다. 당장 결과가 안 나오더라도 희망찬 목표를 향해 행동을 계속하는 목적의식이 내 몸에 살아 숨 쉬어야 한다. 팀은 분명한 성과를 이뤄내야 하는 부담감이 있다. 그만큼 기업이나 조직으로서는 많은 시간과 경비를 들이고 기대가 크기 때문이다.

그러나 모든 팀이 생각만큼 좋은 결과를 못 낼 수도 없다. 이럴 때 팀은 비난과 질시의 대상에서 벗어날 수 없다. 때로는 책임을 져야 하기도 한다. 이때는 팀으로서 했던 일은 가치가 있었고, 그것을 바탕으로 교훈 삼아 새로운 프로젝트를 수행할 기틀을 마련했다고 분위기를 이끄는 것이 좋다.

팀 구성은 사전에 조율될 수도 있지만 부지불식간에 합류되기도 한다. 그럴 때 팀원으로서는 많은 의문을 품게 될 것이다. 스스로에게 이렇게 질문도 한다.

"내가 왜 이 팀으로 오게 됐지?"

"이 팀의 목적은 무엇인가?"

"내가 이 팀에서 얻을 수 있는 것은 무엇인가?"

"팀원들은 어떤 능력과 자질을 가진 사람들일까?"

"다른 팀원들은 나를 어떻게 생각하고 있을까?"

"나는 과연 이 팀에서 나의 역할을 제대로 발휘할 수 있을까?" 등.

팀은 서로 도와 앞장서서 협력하고 격려함으로써 잘나가는 그룹이 될 수 있다. 이러한 분위기가 형성이 되도록 하는 사람이 바로 팀 리더이다. 팀 리더는 상사이거나 보스처럼 행동해서는 안 된다. 팀원처럼 솔선수범해야 한다.

리더십에 관한 많은 서적들의 내용을 종합해 볼 때, 리더로서의 성공은 대인관계 능력, 인간관리, 사회성, 커뮤니케이션, 감성과 관계된 능력 등으로 요약할 수 있다. 이러한 역할을 발휘하는 데 유용하게 쓰이는 것이 바로 코칭이다. 왜냐하면 일을 하는 것은 사람이기 때문이다. 무엇인가를 해야 되겠다고 마음을 먹으면 일의 90%는 완료될 수 있다고 한다. 그러므로 리더는 코치형 리더, 즉 리더 코치가 되는 것이 좋다.

리더는 팀원들의 성과를 통하여 자신의 업적을 높여야 한다. 그러므로 어떻게 하면 팀원들이 성과를 올릴 수 있도록 도울 수 있느냐가 관건이다. 리더로서 가장 먼저 필요한 것은 팀원 자신의 커리어 개발에 관심을 쏟는 것이다. 아무리 연봉이 높고 복리후생이 좋아도 그 조직에 남아 있어야 되나, 떠나야 하나를 결정하는 가장 큰 요인이 바로 상사와의 관계이다. 리더가 팀원이 하고 싶어 하는 것에는 전혀 관심 없이 그저 성과만 올리려고 한다면 그 조직은 미래가 없다. 리더는 구성원의 장점을 찾아내어 육성 개발하는 데 도움을 줄 수 있어야 한다.

3. 구성원의 사생활에 관심을 갖는다.

우리는 보통 개인의 사생활에 관해서는 무관심하고 모른 척 하려는 데에 익숙해 있다. 그래서 아예 알려고도 안 하고 질문도 안 한다. 하지만 직장의 일은 개인적인 일과 무관하지 않다. 개인적인 일도 잘 굴러가야 직장 일도 신난다. 개인적인 문제가 생기면 아무리 잊어버리려고 해도 계속 뇌리에서 떠나지 않고 맴돈다. 이때 누군가에게 이야기 할 수만 있다면 근심 걱정거리는 잠시라도 잊어버릴 수 있다.

만약 이야기 상대가 리더라면 그 구성원은 이미 리더를 믿고 있다. 비록 그것이 해결 안 된다 하더라도 안심이 된다. 특히 위기에 처해 있을 때는 더욱더 그렇다. 사람은 누구나 예기치 않게 일을 당하게 되는 경우가 있다. 불화, 질병, 금전관계, 다툼, 자식의 입시 탈락으로 인한 가정의 어두운 그림자 등 수없이 많다.

이처럼 밖으로 드러내어 이야기할 수 없는 상황에 있는 구성원을 어떻게 하면 좋을까? 이때 코칭 방법을 활용하는 것이다. 인내심을 갖고 잘 들어주고 공감한다. 위로하고 도와줄 수 있는 일이 무엇인지 묻는다. 가능하면 1:1 코칭으로 들어가면 좋다.

코칭이 어렵다고들 한다. 상대방을 코칭해도 효과가 보이지 않는다는 것이다. 사람이 생각만큼 쉽게 변화한다면 얼마나 좋을까마는 결코 그렇지 않다. 그러므로 코치와 리더의 입장에서는 끈질김이 있어야 한다.

골프 책 한 권을 읽었다고 해서 바로 다음 날 골프가 되는 것은 아니다. 끊임없는 반복과 시행착오를 거친 후에야 잘하게 되는 게 스포츠이다. 코칭도 마찬가지이다. 코칭하는 순간 바로 변화가 눈에 보일 정도로 되지는 않는다. 그래서 수차례에 걸쳐 코칭 기회를 갖는 게 일반적이다. 실제로 실행하는 과정을 점검하여 스텝 바이 스텝으로 나가도록 지원한다. 그러므로 대단한 인내심이 요구된다.

많은 리더들이 코칭에 대해서 잘 모른다고 한다. 코칭하는 방법을 배워 본적이 없으니 아예 처음부터 시도를 안 한다. 해보려고도 안 한다. 그러나 코칭은 조금만 관심을 가지면 그 기본에 접근할 수 있다. 왜냐하면 사람의 능력은 10:80:10의 법칙에 따른다고 볼 수 있기 때문이다.

어떤 능력이라도 10% 범주의 사람은 선천적으로 갖고 태어난다. 배우지 않고도 가능하다. 반면 10%의 사람은 그러한 의지가 없다. 결코 그 능력을 몸에 익히려고 하지 않는다. 그런 사람에게는 아예 처음부터 생각이 없으니 아무리 좋은 참고서가 있어도 무용지물이다. 다행히도 대부분의 사람들(80%)은 선천적도 무기력자도 아니다. 적절한 지도와 참고서만 있으면 새로운 능력을 계발할 수 있다. 얼마나 다행인가. 그러므로 어렵지 않게 코칭에 접근할 수 있다.

4. 점검을 늦추지 말아야 한다.

점검에는 사람에 관한 점검과 일에 관한 점검으로 나눌 수 있다. 팀은 다수의 구성원으로 이뤄지므로 서로 간의 인간관계가 복잡하다. 때로는 하찮은 일로 감정이 상할 수 있다. 의견이 대립할 수도 있다. 갈등의 골이 깊어지면 팀의 특성 중 하나인 협력과 팀 결속에 금이 가기 시작한다. 이러한 일이 일어나지 않도록 사전에 주의를 기울여야 한다.

일에 관해서의 점검도 대단히 중요하다. 때로는 팀원의 일이 진척되지 않아 팀 전체에 영향을 미치기도 한다. 팀원의 일을 수시로 점검하여 매끄럽게 진행되는지의 여부를 살피는 것이 중요하다. 필요하면 좋은 어드바이저가 되어야 한다. 그만큼 리더는 일의 흐름을 꿰차고 있어야 한다. 또 늘 창의적인 아이디어로 팀원들에게 도움을 줄 수 있어야 한다.

5. 경영진(또는 기관장)과의 관계를 원활히 한다.

팀 리더는 경영진과 시간을 갖는 경우가 많다. 조직의 전체적인 운영과 관계된 것 등 대화의 기회가 있게 마련이다. 이때 팀 리더로서 중요한 것은 경영자가 가끔 팀 회의에 출석하여 격려하고 때로는 회의 끝까지 자리를 지키도록 하는 것이다. 경영자의 이러한 태도는 팀 과제가 얼마나 중요한지를 알리는 신호가 된다. 바로 팀 운영의 활력소가 된다. 팀원들은 신이 나서 더욱 열심히 하게 마련이다.

6. 팀원이 개인적으로 문제를 일으켰을 시 잘 대처해야 한다.

우리는 누가 잘못을 저질렀을 때 바로 그 사람을 질타하는 데 익숙해 있다. 주목해야 할 것은 문제이고 상황이며 행동이지 결코 개인이 아니다. 문제의 행동이 어떤 상황에서 일어났는지를 구체적으로 설명할 필요가 있다. 예를 들면,

"오늘 김 대리가 늦게 오다 보니 회의가 많이 지연됐어요."

"박 대리는 오늘 발표에서 앞부분이 좀 길었던 것 같아요."

사실과 행위 자체에 대해서만 이야기해야 한다. 만약 이것을

"김 대리는 맨날 지각을 하네?"

"박 대리는 한 번도 짧게 말할 때가 없어."

라고 하면 그것은 인신공격이 된다. 본인은 인격이 무시된 것으로 보아 기분이 나쁘다. 같은 내용이라도 어떻게 이야기하는가에 따라 결과는 엄청 다르게 된다. 부정적인 의미로의 '맨날', '한 번도'라는 단어 사용에 주의를 기울이자.

3
팀 빌딩과 그라운드 룰

　　팀은 자기와 전혀 다른 분야의 사람들로 구성되기도 하므로 첫 만남부터가 서먹서먹할 수가 있다. 어떻게 해서든지 이 냉냉한 분위기를 깨뜨려야 협력적 고성과 팀으로 나갈 수 있다. 그러기 위해 필요한 것이 팀 빌딩Team Building이다.

　　팀 빌딩은 팀 개발의 초기단계에서 팀의 결속을 강화하고 서로 이해하며 팀원들 사이에 보다 나은 인간관계 구축을 도모함으로써 원활한 팀 운영과 성과를 낼 수 있도록 도와주는 프로세스이다. 팀 빌딩의 구성요소로는 아이스 브레이크Ice Break, 팀 명칭, 팀 구호, 팀원 각자의 역할 그리고 그라운드 룰Ground Rule 등으로 이뤄진다.

　　아이스 브레이크는 경직된 두뇌와 신체를 풀어주도록 하는 일종의 가벼운 게임 또는 몸 풀기 운동이다. 그것의 예로는 가위바위보, 초성게임, 손벽

치기, 카드게임, 굿 뉴스 말하기, 어깨 주무르기 등 다양하다. 팀 활동의 장소인 실내에서 주로 하지만 때로는 실외에서 가볍게 운동 또는 몸 풀기를 하기도 한다. 아이스 브레이크를 3~5분 정도 하게 되면 서로 간의 얼굴에 미소가 머금고 화기가 돌기 시작한다. 필요하면 몇 가지를 연속해서 할 수도 있다. 다만, 이것에 너무 많은 시간을 들이는 것은 좋지 않다.

다음은 팀원들이 모여서 팀 내에서의 각자 역할을 정하도록 한다, 예를 들면 조장, 총무, 시간 관리자, 분위기 메이커, 역할 독려자, 발표자, 아이디어 조정자, 그라운드 룰 관리자, 자료 책임자 등을 정하여 모두가 팀에 적극적으로 공헌하도록 한다. 팀원 전부의 간부화로 무임승차를 없애는 것이기도 하다.

팀 명칭 및 팀 구호는 쉽고 재미있고 에너지 넘치는 것이 선정되도록 한다. 이러한 것들은 팀원 모두가 참여하여 결정해야 힘이 솟아난다. 팀 명칭과 팀 구호는 업무(회의)를 시작하면서 또는 시작 직전에 하고, 끝맺으면서도 한다. 때로는 중간 중간 분위기 쇄신 차원에서 큰 소리로 외치게 해도 좋다.

사람은 긴장 속에 일을 하다가도 해이해질 수 있다. 긴장의 연속으로는 버텨낼 수 없기 때문이다. 그러나 해이해지는 시간이 길어지게 되면 상황은 달라진다. 하물며 팀이라는 조직에서 구성원들에게 그러한 일이 다반사로 발생한다면 어떻게 될까.

그래서 팀을 운영하는 데는 기본적인 룰이 필요하다. 이것이 그라운드 룰Ground Rule이다. 이 룰은 기업이나 조직 전체로서의 규정이 아니다. 일종의 지침(가이드라인)이다. 팀 내에서만 필요하고 지켜지는 것이다. 지침은 누구를 속박하기 위한 것이 아니다. 팀이라는 그룹이 제 역할을 할 수 있게 하는 각자의 자기 관리지침이다. 자기 관리가 안되면 그룹이 제대로 돌아가지 않는다. 왜냐하면 팀은 공동의 목표 아래 공동의 책임을 지는 특성이 있기 때문이다.

팀은 그 이전에 자신의 일과 이익을 추구하던 사람들의 집합체이다. 그러므로 팀이 어떠한 일을 하는지, 각자는 어떠한 책임을 지는지 잘 모른다. 어떤 성과가 날 수 있는지도 불투명하므로 일하는 것 자체가 불안하다. 이러한 여건이지만 의사를 결정하고, 업적을 올리고, 열정적으로 협력하여 일하는 분위기를 만들 필요가 있다. 이것이 바로 팀이 지켜야 할 기본 지침(그라운드룰)인 것이다.

이 기본 지침은 팀원들이 지켜야 할 사항이므로 그들 스스로가 합의해서 만든다. 거기에서 가장 중요한 것이 행동에 관한 내용과 벌칙이다. 이 2가지를 염두에 두고 반드시 실행해야만 되는 몇 가지를 골라내는 지혜가 필요하다.

행동에 관한 것으로 꼭 들어가야 할 사항을 보면 다음과 같다.

1. 비난하지 않기
2. 새로운 아이디어 받아들이기

3. 서로를 존중하기

4. 한 번에 한 사람씩 말하기

5. 약속 지키기

6. 회의에 반드시 참석하기

7. 비밀 지키기

이러한 것들은 기본이다. 우수한 팀의 특징은 이 사항들을 성실히 지킨다는 것이다. 이것이 무너지게 되면 팀은 방향을 잃는다. 존재가치가 의문시된다.

벌칙은 징벌이 목적이 아니다. 기본지침이 중요하다는 것을 일깨워 주는 일종의 각성제이다. 어떤 벌칙도 없는 룰은 없는 것과 다름없다. 벌칙에 관한 지침은 구체적이어야 한다.

1. 회의 중 잡담하면 1,000원

2. 지각하면 10분마다 2,000원

3. 결석하면 10,000원

크게 부담이 안 가는 범위 내에서 합의를 보도록 한다. 모인 돈은 점심이나 커피 값으로 또는 휴일의 봉사활동비로 써도 좋다. 이렇게 하면 벌금을 낸 사람도 좋은 일에 자신의 돈이 쓰이므로 기분이 좋아지게 된다.

팀의 기본지침은 그룹의 결속을 다지는 데 필수이다. 일이 즐거워지고 서로간의 신뢰가 다져진다. 무임승차 하는 사람이 없으니 공통의 목표를 위해 각자 최선을 다하는 활력소가 된다. 이렇게 해서 전원이 합의한 기본 지침은 문서화하여 맨 밑에 모두가 서명하도록 한다. 그리고 모두가 늘 볼 수 있는 곳에 걸어두거나 놓아두도록 한다.

4
쌍방향 커뮤니케이션

대부분 부모와 자식, 상사와 부하와의 대화 시 윗사람이 이야기하고 아랫사람이 주로 듣는 입장이 된다. 아랫사람은 그저 들은 대로 행하기만 하면 되는 일방통행식 커뮤니케이션이 일반적이다.

즉, '나는 생각하는 사람'이고 '너는 실행하는 사람'이라는 방식의 권위와 권한이 대화를 지배하는 것이 보통이다. 이러한 행위는 하부 조직의 사고체계를 마비시킨다. 모든 일을 상사의 지시 없이는 한 발자국도 나갈 수 없도록 만들어버린다. 평소 '마음대로 하지 마라'는 식으로 들어왔기 때문에 혼자서 처리하는 능력이 사장되어 버리고 마는 것이다. 실제로 다음과 같은 일화가 있다.

"회사 숙소에 화재가 발생했다. 누군가 그것을 보고 윗선에 보고했다. 그 사람은 다시 자신의 상부에 이 사실을 알렸다. 최고의 결정권자가 빨리 진화하라고 하여 현장까지 전달하는 사이에 이미 숙소는 전소되어버렸다."

권위와 권한에 뿌리를 둔 일방통행식 커뮤니케이션이 만연한 곳에서는 그것이 가정이든 기업이든 조직이든 소통이 막히게 된다. 한쪽에서는 잘된다고 생각하지만 다른 한쪽에서는 전혀 아니다. 가르치고 지시하고 명령을 하면 밑에서 다 알아듣고 잘하리라고 생각하는 것은 착각이다. 오늘날처럼 급변하는 시대, 갑자기 발생하는 사안에 대해 누구나 임기응변으로 대처하기 위해서는 쌍방향적 방식이어야 한다. 그래야 스스로 생각하고 건의하고 행동하고 책임질 줄 아는 창조적 인재가 육성된다. 조직도 창의성 있는 집단으로 변화해갈 수 있기 때문이다.

상사나 부모는 아랫사람의 이야기를 잘 들어주어야 한다. 이야기하는 기회를 준다는 것은 사람이 말하면서 머릿속에 있는 아이디어를 꺼내고 스스로 무엇을 어떻게 해야 되겠다는 생각이 나도록 하는 것이다. 사람의 능력과 가능성을 발휘하도록 하는 것은 이야기할 기회를 줌으로써 극대화시킬 수 있다.

우리가 아는 조직의 커뮤니케이션은 주로 상사가 부하에게 이야기하는 것이 일반적이다. 그래서 코칭은 상사가 부하에게 하는 것으로만 생각할 수 있다. 그러나 부하가 상사에게 하는 것도 가능하다. 이를테면,

부하 그것은 어떻게 해서 안되는지요?
상사 안되는 것은 안되는 거야. 그렇게 알아.

이때 만약 부하가

"이유가 뭡니까?"

"미래가 불투명해서 입니까? 아니면 자신이 서지 않아서 입니까?"

등으로 대꾸해서는 대화가 안 된다. 언쟁으로 이어질 수 있다. 이럴 때는 부하가 이렇게 말하는 것이 현명하다.

"그러시군요. 그러면 어떤 문제점이 있는지 말씀해 주시겠습니까?"

"내용은 어떻습니까? 많이 부족한 편입니까?"

"전반적으로는 좋지 않으나 혹시 이 부분은 한 번 검토할 필요가 있다고 생각되는 것은 없으신지요?"

"만약 이것을 이사님께서 하신다면 어떤 부분을 강조하시겠습니까?"

상사의 의견을 들으면서

"그러면 지금 말씀하신 것을 중심으로 다시 검토하여 계획을 세워도 괜찮으시겠습니까?"

이러한 예는 상사와 부하와의 관계를 수평적 관계 또는 상향식으로 의견교환을 할 수 있음을 보여준다. 이처럼 코칭은 일방적이 아닌 쌍방향 커뮤니케이션이 되게 하는 마력을 갖고 있다.

쌍방향 커뮤니케이션은 때로는 시간과 수고가 많이 들어가므로 비효율적이라고 생각될 수도 있다. 그러나 개인과 조직의 미래를 생각할 때 부하의 창의력을 키우고, 자율적이고 합리적인 행동을 하도록 육성시키는 것은 결코 손해 보는 일이 아니다. 또 상대방으로 하여금 상사에게 부담 없이 언제나 좋은 아이디어를 이야기할 수 있다는 인간적인 신뢰감이 구축될 수 있으므로 조직의 분위기가 밝아지고 일에 가속도가 붙게 된다.

이처럼 상대방의 이야기를 잘 경청하면서 적시에 자신의 견해를 나타내고 질문을 통해 서로를 이해하는 쌍방향적 커뮤니케이션이 되게 하는 것이 코칭의 매력이다.

5 브레인스토밍 하라

　　　　　우리는 평소 많은 회의에 참석하여 논의를 하고 결정한다. 보편적인 방법은 한 건에 1개 또는 복수의 의견이 제안되고 토의를 거쳐 안을 결정하는 것이다. 팀을 비롯한 그룹회의에서도 거의 같은 형식이다.

　이 방법은 장점이 많아 흔히 사용되고 있는 것이 사실이다. 그러나 이런 경우에는 입김이 센 사람이나 오피니언 리더 등 영향력 있는 사람의 의견에 좌우되는 것이 일반적이다. 그 외의 많은 사람은 그저 분위기에 휩쓸려 따라간다. 자신의 생각과는 별개여도 말이다. 그렇게 하는 것만이 최선의 방책일까?

　최근 세계적인 기업이나 혁신 팀 등에서는 브레인스토밍Brain Storming이란 방법을 활용한다. 이것은 상하관계, 우열관계 등 모든 것을 떠나 공평하게 자신의 생각을 나타내게 하는 것이다. 소위 지위나 목소리 큰 사람이 좌

지우지하는 것을 막고 참신한 아이디어를 찾아내자는 것이다.

　브레인스토밍의 기본은 질보다 양이다. 그러기 위해 생각나는 것은 모두 말하게(쓰도록) 한다. 제안된 아이디어에 대해서는 논의를 삼간다. 또한 좋다/나쁘다의 가치판단도 하지 않는다. 개념이 아니라 구체적으로 명기하도록 한다. 어느 누구도 무임승차해서는 안 된다. 남의 눈치 안 보고 자유롭고 **빠르게** 의견을 내도록 한다.

　브레인스토밍 방법으로 2가지를 소개하고자 한다. 하나는 큰 플립차트 Flip chart에 각자가 생각나는 것을 써서 붙이도록 하는 것이다.

　다른 하나는 참가 인원에 맞게 A4용지 등을 준비한다. 인원수에 알맞게 포스트잇을 용지에 붙인다. 첫 번째 포스트잇에는 자신의 아이디어를 적고 우측으로 돌린다. 다음 사람은 좌측 사람의 아이디어를 보고 자신의 아이디어를 쓰고 계속 돌린다. 소위 아이디어 릴레이 기법이다.

　두 방법 모두 제일 위 칸에는 핵심문제 기술문을 쓴다. 제안된 안 중 새롭고 색다른 아이디어에 별표(스티커)를 붙인다. 많은 별표를 얻은 아이디어를 골라낸다. 그리고 나서 그 아이디어들이 과연 실행이 가능하고 효과가 있는지의 질문을 의사결정 그리드로 결정한다. 우선순위가 높은 대안을 선택하여 실행계획을 작성한다. 여기에는 담당자, 실천할 구체적 세부사항, 기대효과, 실행시기 등이 포함된다.

　처음에 브레인스토밍에서 얻어진 아이디어는 결함이 있는 것처럼 보인다. 그러나 차츰 다듬어지고 새로운 아이디어가 가미되면서 창의적 대안으로 올라오게 된다. 브레인스토밍에서 사용되는 플립차트는 모두가 한눈에 볼 수 있게 하고 아이디어를 영구 보존할 수 있는 장점이 있다.

성공하는 기업가가 새로운 아이디어를 접했을 때 던지는 3가지 질문이 있다.

"어떻게 하면 그것을 실현시킬 수 있나?"

"최악의 경우는 어떤 일이 발생하나?"

"최악의 사태가 일어났을 때 도피할 수 있는 길은 무엇인가?"

변화와 개혁을 싫어하는 사람은 1초도 안 걸리고 바로 그 아이디어가 잘되지 않을 이유 10가지를 나열하기 시작한다. 자신의 이야기가 마치 정답이라도 되는 양 아주 그럴 듯하게.

참고 문헌

《리더십과 임파워먼트 연구》 고성돈
《그룹코칭》 코칭경영원 코치시대
《질문의 7가지 힘》 도로시 리즈 지음, 노혜숙 옮김
《라이프 코칭 가이드》 로라 휘트워스 지음, 박현준 옮김
《칭찬의 기적》 루이스 B. 스미스 지음, 김주영 편역
《마음으로 리드하라》 류지성
《온자신감》 박창규
《잠들어 있는 성공시스템을 깨워라》 브라이언 트레이시 지음, 홍성화 김동수 옮김
《성공을 부르는 긍정의 힘》 사토 도미오 지음, 박치원 옮김
《성공하는 사람들의 7가지 습관》 스티븐 코비 지음, 김경섭 옮김
《원칙중심의 리더십》 스티븐 코비 지음, 김경섭 박창규 옮김
《부하의 능력을 열두 배 키워주는 마법의 코칭》 에노모토 히데다케 지음, 황소연 옮김
《코칭리더십》 이토 마모루, 스스키 요시유키, 가나이 도시히로
《세로토닌 하라》 이시형
《코칭리더십》 정진우
《성과 향상을 위한 코칭리더십》 존 휘트모어 지음, 김영순 옮김
《다이내믹 코칭리더십》 최효진
《코칭퀘스천》 토니 스톨츠푸스 지음, 김환영 송관배 김주희 번역
《무엇이 당신을 만드는가》 피터 드러커 지음, 이재규 편저
《Action Learning Coach Practitioner》 한국액션러닝협회
《CEP, PCCP》 한국코칭센터
《뜻대로 살기》 해리 팔머 지음, 이균형 옮김
《상황을 장악하고 상대를 간파하는 질문력》 마사히코 쇼지 지음, 황선중 옮김
《Meta-Coaching, Volume 1, Coaching Change for higher Levels of Success and Transformation》 L. Michael Hall, Michelle Duval
《First among Equals: How to manage a group of Professionals, Free Pres》 Patrick J. Mckenna & David H. Maister
《Leadership Team Coaching, Kogan Page Limited》 Peter Hankins

나를 이기는 힘

초판 1쇄 펴낸 날 | 2014년 4월 15일

지은이 | 고유봉
펴낸이 | 이금석
기획·편집 | 박수진
디자인 | 강한나
마케팅 | 곽순식
경영 지원 | 현란
펴낸 곳 | 도서출판 무한
등록일 | 1993년 4월 2일
등록번호 | 제3-468호
주소 | 서울 마포구 서교동 469-19
전화 | 02)322-6144
팩스 | 02)325-6143
홈페이지 | www.muhan-book.co.kr
e-mail | muhanbook7@naver.com
가격 13,000원
ISBN 978-89-5601-333-6 (13320)

잘못된 책은 교환해 드립니다.